飯森正芳 年譜

IIMORI Masayoshi
Chronological History

呉念聖 編著

ぱる出版

装幀――――デザイン実験室

東アジア戦前期の自由を愛した人々
――飯森正芳とその仲間たち

藤井省三

（一）飯森とエロシェンコとの交遊――上海総領事の内偵報告より

私が飯森正芳の存在を知ったのは四〇年近く前のこと、ロシア〝盲詩人〟エロシェンコ（一八九〇～一九五二）と魯迅（ルーシュン、ろじん、一八八一～一九三六）との関わりについて調べていた時のことでした。

エロシェンコは南ロシア、ウクライナの富農の家に生まれて四歳で失明、モスクワ盲学校、ロンドン王立盲学校で学んだ後、一九一四年鍼灸の漢方医学を学ぶ為に単身来日、二年後には日本語口述による童話創作を開始しています。一六年から三年にわたりタイ・インドを放浪、ロシア革命後にボルシェビキ派の容疑でイギリス・インド政庁から追放処分を受けて日本に戻ってきたのちは、左翼系の講演会で人類の解放を説きました。

日本政府は詩人が社会主義の国際連帯と大衆運動の火種となることを恐れ、一九二一年六月「帝国ノ安寧秩序ヲ害スル虞《おそれ》アリ」という理由で彼を反革命派の白軍統治下にあったウラジオストックへと追放しました。詩人はロシア革命後の内戦のためモスクワに帰れず、上海に渡ったのち魯迅・周作人兄弟の尽力により北京大学でエスペラント語講師、そして「解放の預言者」として迎えられ、二二年二月より一年あまり北京の魯迅邸に住んでいます。

しかしエロシェンコは中国共産党系の学生・知識人の期待に背いてボルシェビキ派によるロシア革命

を専制主義として批判したため、彼の授業の履修者は激減し、孤立した詩人は転向宣言風の童話を残して二三年四月モスクワへと去って行ったのです。

この〝危険な詩人〟に対し、上海や北京の日本領事館は執拗に内偵を続け、多くの報告書を残しておりますが、その中に飯森正芳が登場するのです。拙著『エロシエンコの都市物語——一九二〇年代東京・上海・北京』（みすず書房、一九八九年）巻末の索引で検索すると、当時上海滞在中の飯森は六二・六七・七四・一五六・一八六〜一八九頁の四個所に登場し、総領事報告により次のように描かれております。

当地ニ於テ「エロシエンコ」ト多少交通往来ヲ為シ居レルハ元海軍機関中佐ニシテ要注意人タル飯森正義及「エスペラント」語学校職員川上喜光ノ両名ニアリ〔中略〕前記要注意人飯森ハ海軍機関中佐トシテノ恩給年金等ハ凡テ日本居住中ノ妻子ノ生活費ニ充テ居リ自己ハ当地週刊新聞申春社ノ書記トシテ月俸二十五弗ヲ受ケ居レル外各種ノ雑収ヲ以テ生活シ居レル趣ナリ　（『エロシエンコの都市物語』六二頁、外交史料「上内警第一一号　追放露国盲人「エロシェンコ」来滬ニ関スル件」より引用。文中「正義」は「正芳」の誤記、「滬」は上海の略称。）

目下北京大学ニ在リテエスペランド《ママ》語及思想問題ニ関シ教鞭ヲ掌リ相当優遇ヲ受ケツヽアリト謂ヘル「ワシリー、エロシエンコ」ハ予テヨリ当地ニ来往スヘシトノ情報ニ接シ居タリシカ客月三十一日午後三時当時北站駅着列車ニテ来着　思想要注意人飯森正芳夫妻ノ出迎ヲ受ケ共ニ同人ノ寓所仏租界霞飛路宝康里〔六十一号〕ニ赴キタリ　（『エロシエンコの都市物語』一八六頁、外交史料「機密第二九号　大正十二年二月四日　在上海総領事〔発〕外相〔宛〕エロシエンコ来往ニ関スル件」より引用。）

海軍〝赤化中佐〟と自由を愛する〝危険な詩人〟とは、深い因縁で結ばれていたようです。

（二）中国人アナーキスト作家巴金の来日と飯森正芳との因縁

『エロシエンコの都市物語』を上梓してまもなく、〝中国の良心〟と称された巴金（パーチン、はきん又はぱきん、一九〇四～二〇〇五）について調べるうちに、思いがけずも飯森正芳との再会を果たしました。魯迅に続く大作家であった巴金については、日本の国語辞典では「四川の人。フランスに留学。アナーキズムの影響を強く受ける。文化大革命で迫害されたが、一九七七年に名誉回復。」（『広辞苑』第七版、岩波書店）と立項されています。

私は魯迅とエロシェンコとの影響関係の研究に続けて、戦前の東京外国語学校（現在の東京外国語大学）中国語学科の教授とOBたちによる、魯迅受容についての研究を始めていたのです。この東京外語グループは一九二〇年代から四〇年代にかけて中国語教科書や中国語学習誌、現代文学翻訳書などを通じて、魯迅を始めとする同時代中国文学を大量に紹介していました。

巴金は一九三四年に日本に長期滞在した際に、東京外語グループの一員で、当時横浜高等商業学校（現在の横浜国立大学）助教授の武田武雄の横浜・本牧町の自宅に三カ月間のホームステイをしております。巴金は日本滞在の動機について、一九三四年上半期を北京で過ごした際、春休みに日本を旅行してきた友人の曹禺（ツアオ・ユイ、そうぐう、一九一〇～九六）の土産話を聞いて日本への関心がかき立てられ、七月に上海に戻ったところ、親友の呉朗西たちから日本行きを強く勧められたというのです。

皆は私は日本人の友人の家に滞在すべきだ、そうすれば日本語習得に相当便利だろうと強く勧めた。都合良いことに、彼らが以前東京に留学していた時の知人で武田という人がおり、当時横浜高等商業学校で中国語を教えており、彼なら私を引き受けてくれるかも知れない。そこで呉朗西が「中略」武田に手紙を書き、「黎徳瑞」という中国人をホームステイさせて貰えるかと問い合わせ、黎は出版社の社員で日本語学習のため日本行きを望んでいるとつけ加えた。まもなく、自宅で私をお客さんとして迎えたいという返事が来た。（「『神・鬼・人』について」一九七九年）

巴金と武田との間をつないだ元日本留学生で翻訳家、編集者として著名な呉朗西（ウー・ランシー、ごろうせい、一九〇四～九二）が、自らの日本留学の経緯を語った回想記が「飯森さんのことなど」（一九八六年）なのです。それによれば、一九二二年、上海呉淞中国公学中学部の学生であった彼は、エスペラント語教師の胡愈之により日本人エスペランチスト飯森正芳に紹介され、さらに飯森を通じて、当時北京大学エスペラント語講師を務めていたエロシェンコと知り合ってもいます。一九二四年、呉は杭州の之江大学高等部三年に入学するものの、翌年の五・三〇事件（一九二五年五月に起きた労働者を中心とする反帝国主義の運動）をきっかけに退学、飯森を頼って日本に留学するのでした。

そこで私は一九九二年一月に上海に調査に出掛け、呉氏の自宅にてインタビューを行いました。当時呉氏は数年来パーキンソン病を患い言語障害がありましたが、夫人の柳静氏を介して巴金が武田教授宅にホームステイするに到る経緯を丁寧に答えて下さいまして、これについては拙著『東京外語支那語部――交流と侵略のはざまで』（朝日新聞社、一九九二年）で詳述しております。

このように戦前期東アジアを舞台とする文学因縁を追う私の前に、折に触れてその姿を現す飯森正芳はとても魅力的な人物で、彼の自由人としての人生をさらに深く広く知りたいものだ、と常々私は願っていました。

そしてついに呉念聖さんの労作が完成したのです。

（三）飯森正芳と呉朗西・呉念聖父子

三十余年前の上海で、病床の呉朗西さんへのインタビューを終えた時、朗西さんはご子息の念聖さんが日本に留学していること、念聖さんは高校在学中に始まった文化大革命（一九六六～七六）のため十年近くも中国東北地方の農村に下放（シアーファン、かほう、党幹部・学生が農村や工場に入り農民・労働者への奉仕の精神を養うための運動）されていたこと、下放中にも読書に励み、今は早稲田大学で父上と同様、文学の道を歩もうとしていることなどをお話しくださいました。こうして私は呉念聖さんとも知り合うことができたのです。

呉念聖さんは日本で長年に渡り現代中国文学研究、日中交流史研究を続けてきまして、この四、五年は『飯森正芳年譜』執筆に傾注していました。このたび刊行される本書は、東アジア戦前期の空間を自由闊達に放浪しながら、辻潤からエロシェンコそして呉朗西などなど多くの仲間から敬愛された魅力的人物の生涯を、私たちに着実に語りかけてくれます。

願わくは年譜が伝える飯森正芳とその時代を通じて、多くの人々が東アジア現在における和平と友情の貴さをより深く悟らんことを。

二〇二四年一一月三日　東京都多摩市にて

目次

はじめに

飯森正芳はどんな人

祖父は武士、父は教育者

飯森正芳の祖父吉郎は加賀藩藩士で、飯森吉郎の長男・正芳の父正則は石川県師範学校卒の教育者である。飯森正則は明治九（一八七六）年、石川県鳳至郡の穴水小学校に赴任、それから一九一六年までの四十年間、この地域の幾つもの小学校で校長を勤め、二度教育功労者と表彰され、地元では「能登聖人」と称されていた。

飯森正芳は明治一三（一八八〇）年六月二日、正則の長男として穴水に生まれ、この町で少年時代を過ごした。正芳は、姓を飯森（いいもり）という発音から、「イモリ」というあだ名がつき、のちに「タモリ」や「蠑螈」、「Salamander」というような呼び方または表記も派生した。

飯森正芳は三歳の時に母を亡くし、継母が産んだ弟三人と妹一人がいる。正芳は一九〇二年、宮島久子と結婚し、三人の子が生まれたものの、いずれも夭折した。

飯森正則から正芳宛の手紙が七十六通現存し、一九二五年一二月二三日から一九三五年一二月二五日（正則は一九三六年三月二九日に死去）までに送られたものである。残念ながら、正芳から正則宛の手紙は残っていない。推測するには、それなりの数があった。この文通の頻度だけを見ても、とても交流の多い飯森父子であることがわかる。

十五歳で海軍機関学校に入学

飯森正芳は十一歳で穴水を出て金沢にいる祖母のもとで暮らすようになる。飯森が中学生であった時、日清戦争が勃発した。あの愛国心が高揚する時代に、彼は卒業を待たずに海軍機関学校を受験し、一八九六年三月に第六期生として採用された。

当時、中学校の卒業を海軍機関学校の受験条件としていなかったが、しかし飯森が受験する時に年齢に関してその下限は満十六歳という規定があった。ならば、一八八〇年六月二日生まれの飯森正芳はこの年齢条件を満たしていないはずなのに、なぜ彼が受験できたか。彼の軍人履歴原表を確認したところ、「明治一三年二月二日生」と記されている。また、彼の海軍機関学校卒業時（一八九九年四月）の年齢は「一九歳二ヶ月」と記されており、予備役と後備役に服する時期もこの「二月二日生」を基準にしている。つまり、飯森正芳は海軍機関学校に志願した際に、戸籍謄本と異なった誕生日を申告したのではなかったかと思われる。

帝国軍人が反戦主義者へと

一八九九年四月、飯森正芳は海軍機関学校第六期生として卒業した。二十一名の卒業生の中で成績は四番目であった。

それから海軍に服役すること十五年、千代田艦をはじめのべ十三隻の軍艦及び呉海軍港務部、旅順口海軍工作廠、海軍機関学校、海軍教育本部、海軍工機学校などで勤務し、北清事件や日露戦争を経験した。一九一二年一二月一日、海軍機関中佐までに昇進した。

同期生の中、戦争などの原因で若死にした五人を除いて、飯森同様、中佐にまでなった者は四人、大佐になった者は五人、少将になった者は二人。飯森はもし辞職しなければ、もっと上の階級に行っただろう。

しかし、飯森正芳はいわゆるエリート軍人の道を捨てた。

あの激動の時代に、自分の頭で考えようというのが飯森の生き様で、彼は絶対服従の軍人ではなかった。その兆しは、彼の海軍機関学校時代にすでに見られた。卒業試験の別科科目の一つである法律では、彼の成績は百点満点で二十点しか取っておらず、他の科目の優秀な成績と比べて極めて異常であった。法律は基本的には暗記型の科目であるので、これほど減点されたことは、飯森が答案に余計に自分の考えを多く述べたためであろう。

軍人の飯森は、トルストイ主義やアナキズムなどの影響下で反戦主義者へとなっていき、そして軍隊も嫌いになった。彼は、戦争の道具としての軍隊を嫌っただけでなく、軍隊内の理不尽な上下関係、ひいては社会の不平等にも疑問を抱くようになった。

飯森が中機関士（中尉）時代、乗組艦内の一兵卒が重病にかかり、幹部と同じように上陸治療させるべきだと上司に主張したが、却下されたため、反抗の意思表示として賜暇を乞って一時郷里に帰ったことがあった。（大谷派慈善協会機関誌『救済』第四編第七号、一九一四年八月）

一九〇六年四月一日、飯森は明治三十七八年戦役（日露戦争）の功により明治勲章の勲五等に叙し双光旭日章と従軍記章を授与され、金五百円を賜ったが、同じ月の一八日に、彼は「鉄鎖を礼拝する奴隷」を執筆し、民衆の覚醒を喚起しようと、その奴隷根性を痛烈に風刺した。

一九一三年五月二四日、飯森が富士機関長兼教官に任じたその日に、「人間は絶対不可侵の生命なり」「人間は異性異色老幼文野を問わず凡て同等の権力を有すべし」を含めた十二か条の「宣言」を書いた。その一年後、彼は軍隊を辞した。

「思想遍歴屋」と呼ばれて

飯森正芳は生命の本質や人生の意義、そして社会の変革を追究するよう、多様な宗教や思想を精力的に学びとり、実践の面においても努めていた。

飯森は大機関士（大尉）時代から、窮困中の宗教家宮崎虎之助に俸給の多くを以て支援し、同居したりして、共に伝道したこともあった。このことで上司の武田秀雄に強く叱咤された（「将軍と預言者と真新婦人 追放されんとする宮崎夫妻」、『東京朝日新聞』一九一三年五月四日）。

飯森は海軍機関学校で教官をしていた頃、同僚の英国人スティーブンソンから影響を受けて、神智学（Theosophy）の勉強に没頭し、軍隊を離れてから一年後、もっと研鑽しようと神智学ポイント・ローマ派本部所在地の米国カリフォルニア州サンディエゴに行く準備をしたところで、飯森は出発前に海軍機関学校のある先輩に説得され、綾部にある大本を訪ね、教祖出口なおと出口王仁三郎に会い、大本の教義に惚れてしまい、すぐ妻久子を連れて綾部に移住した。

飯森は約二年間大本にいたが、機関紙の『敷島新報』と『このみち』の編集責任者を半年余り務め、大日本修斎会（大本の対外名称）会長兼根本学社学長に任じた時期もあって、大本の組織づくりと宣教活動などに大いに貢献した。飯森にとって、大本は生命の神秘を探究する一宗教組織のみならず、一種の「新しき村」のような理想郷の実験場でもあった（井箆節三「ユウトオピア物語」（下）、『中央公論』第三四巻第一〇号、一九一九年九月／岡田播陽「〝新しき村〟の真住民」、『殺哲学』、博文館、一九二〇年）。

飯森正芳は交友の範囲が広く、以上言及した人々のほか、宗教家の高田集蔵・鈴木大拙・暁烏敏、社会主義者の堺利彦・九津見房子、アナキストの大杉栄・山鹿泰治・エロシェンコ、ダダイストの辻潤・武林無想庵、新聞出版業界の宮飼正慶・中村有楽、文筆家の岡田播陽・宮嶋資夫・秋田雨雀らともよく侃々諤々の議論をしていた。次から次へと多種多様な思想や宗教を渉猟するという意味から、飯森正芳は周囲の人に「思想遍歴屋」や「宗教遍歴屋」と呼ばれたりしていた。また、彼を「神」になぞらえた人（高田集蔵「飯森正芳神」、一九一四年五月）もいて、「老哲学者」と称した人（一九四一年七月一日『秋田雨雀日記』）もいた。

警察に睨まれ、上海へ

一九二一年春頃、飯森正芳は内務省の監視から逃れるかのように上海に渡航した。この頃から、彼とともに行動した中門春枝という女性がいた。上海にいても飯森は終始監視されていた。いや、より厳しく監視されたようだ。彼の動向は外務省や在郷軍人会などの秘密文書に記録され、彼の名にはつねに「要注意人」か「要視察日本人」か「思想要注意人」のような「形容詞」が冠してあった。

現在、我々は、それらの文書から、飯森が上海滞在中、エスペランチストなどの革新系の集会に参加したことや、同様に警察のブラックリストに名を載せられた大杉栄、山鹿泰治、清水一衛、エロシェンコなどと接触したことや、そして一九二三年二月にエロシェンコが上海の飯森家に泊まったことまでも知ることができる。飯森が上海で書いた「♀」と「太陽下の悪魔」という革命的な文章もそれらの文書に保存されている。そのほか、飯森は一九二二年一時帰国中も監視され、横浜港で再び上海に向かう船に乗る前に厳しい荷物検査を受けた。その時に作成された詳細な所持品リストは在郷軍人会の秘密文書に書き記されている。

そのためか、この時期、飯森は何度か「赤化中佐」としてマスコミに報道されていた。（「一万円所持の赤化中佐は暁民会と親交」『読売新聞』一九二二年三月九日」／「昨日凝議の末 刑事八方に飛ぶ 赤化中佐の事件で」『読売新聞』一九二二年三月一六日）

一九二三年末、飯森正芳は日本にもどった。

不遇な晩年

堺利彦は飯森正芳との初対面後、すぐさま印象記を書いた。その文章名は「神々の行末」で、『へちまの花』第一〇号（売文社、一九一四年一一月）に掲載されている。文中、飯森は「極めて温厚真摯な人物で、それにも係わらず〝福娘〟の一壜を持って来て、土産として僕に呉れ、猶世間の神様にも似ず、〝敷島〟をスパスパやって、ジワリジワリ話をしたりする。」と書いていたが、最後はこう結ばれている、「飯森君は恩給か年金かで先ず衣食にこまらぬだけの道はあるので、是から呉の軍人ホームに行って働くと云うのであるが、是も僕が芝居気を以て其の将来を考えて見るに、若し同君が何かのハズミに機関中佐の官を褫《は》がれて、ほんとに食べなくなって見たらさぞ面白かろうと思った。神々の行末果たして如何。」

果たして堺の「何かのハズミ」という預言が三十一年後、的中した。

一九四五年一一月二五日、軍人への恩給が止められ、六十五歳を過ぎた飯森正芳の暮らしが一気に厳しくなった。恩給が復活されたのは一九五三年で、その二年前に飯森は亡くなった。

戦後、飯森はしばらく、土浦市乙戸小山田町の妻久子の親類の家に住んでいた。その後、春枝を伴って能登に帰り、河北郡七塚町木津で最期を迎えた。木津では、前後にして光源寺（住職は一二三尽了）、高橋由太郎家、高沢岩次家でお世話になっていた。子供達が早世したためか飯森と妻久子は疎遠となり、飯森の頻繁に住まいを変えたりする生活スタイルもあいまって、二人は同居よりも別居の時間が長かった。最晩年の木津では飯森のそばに久子はいなかった。飯森正芳の後半生の三十年間、つねに彼のそばにいたのは春枝である。一九五〇年一二月二九日、飯森は手紙に「春枝は近所の機織工場に雇われて毎日十時間以上の労働をなし日給一一〇円貰っています。生活能力の無くなった老骨誠に意固地の無い次第です。」と書いている。

一九五一年六月六日妻の久子が土浦で死去、七月五日春枝が入籍、八月一七日正芳が死去、そして翌年一一月五日春枝が死去した。

上述した飯森正芳の手紙には次のことも書いてある、「唯読み書きが毎日の忙しい楽しい仕事ですが、世間の文士と異い、原稿料を稼ぐと云うわけにゆきません。持って生れた✡の性質、好きな勉強だけは、たゆまずやっています。」

ここには飯森正芳の知識人としての自負と屈折心の両面が伺えよう。またこの「持って生れた✡（編者：頑固一徹の意味か）の性質、好きな勉強だけは、たゆまずやっています」という言葉はまさに彼の自己評ともいえよう。

飯森正芳は何かの分野で大きな業績を挙げられたとはいえないが、しかし間違いなく彼は努力する人であり思想をする人である。ゆえに、その人生は有意義な人生であるといえ、そしてその人生の軌跡を辿ることも有意義であると思う。

飯森正芳 年譜

一、期間は、飯森正芳生誕の一八八〇年六月二日から、死去の一九五一年八月一七日の一年後、後妻春枝死去の一九五二年一一月五日までとした。
二、年齢は、数え年齢で示した。
三、本年譜は、年月日、出来事、参考資料の順で構成する。
四、出来事の▼の印は、当日に執筆・発表された飯森正芳の筆となるもの。
五、参考資料は、年譜の中にはなるべく簡潔に表示した。
ニュース性の高い紙誌や公文書などは、発行日（または発送日）を記したが、発行年が出来事の発生年と同じである場合では、年を省いた。

単行書は、出来事に関連のある頁数を記した。

署名文章や書簡などは、著者名を記した。
六、参考資料に関する他の情報は、年譜の後に一覧を設けて補記した。
七、巻末に、出来事や写真に出た人物について人名索引を作った。

月日	出来事	参考資料
一八八〇（明治一三）年　一歳		
六月二日	士族飯森正則とたけの長男として石川県鳳至郡穴水町字大町への一七番内地に生まれる。本籍は石川県加賀国金沢市彦三一番丁一五番地金沢市彦三一番丁一五番地（一九一二年八月二六日、鳳至郡穴水町字川島カの九八番地に転ずる）である。 当時、父正則は当地域の中居小学校の校長である。 飯森正則は一八五八年一月二三日、金沢に生まれ、一八七六年石川県師範学校を卒業してから一九一六年まで、同県能登半島にある穴水小学校訓導をはじめ、隆文小学校、中居小学校、鹿島小学校、穴水尋常小学校、鵜川尋常高等小学校、輪島女児小学校等の校長を歴任、一九〇三年と一九二〇年に二度、教育功労者として表彰される。晩年、長らく大阪に在住、一時息子正芳がかかわっていた大本に篤信したようである。	『現代何鹿郡人物史』一五八頁 『石川県鳳至郡誌』一二八九頁
一八八二（明治一五）年　三歳		
三月一二日	母たけは「咲くかとぞ 見るまにすがる 世の中に はかなきものは 朝顔の花」という歌を残して世を去る。享年二三歳。 『現代何鹿郡人物史』では、飯森正芳の生母が彼の三歳のときに亡くなったというが、ここの三歳とは数え年齢なのか実年齢なのかは不明。「雑記帳より（一）」では、一九一五年三月一二日は母親の命日なので、正芳が供養を行ったと記してあるが、その供養が三十三回忌であるなら、正芳の生母が逝去した年は一八八三年となる。	『現代何鹿郡人物史』一五八頁／高田集蔵「雑記帳より（一）」
一八八四（明治十七）年　五歳		
八月二日	父正則、中堂賢了の長女ヨリ（一八五五年三月一三日生）を後妻として迎える。	

一八八七（明治二〇）年　八歳

四月	父正則、鹿島小学校校長となる。	『石川県鳳至郡誌』五三七頁

一八八八（明治二一）年　九歳

六月二八日	弟健二（四男）が穴水町字川島カの九八番地に生まれる。 飯森健二、一九〇六年東京美術学校漆工科入学、学業中途入隊、穴水米穀肥料株式会社取締役を勤めた。	

一八九〇（明治二三）年　一一歳

四月二八日	父正則、再度中居小学校校長となる。	『石川県鳳至郡誌』一二八九頁
一〇月二日	父正則、穴水尋常小学校校長となる。	同上五三四頁
同年	金沢市に出て祖母のもとで暮らす。 祖母の名は「をつ」という。祖父は飯森吉郎といい、一八七一（明治四）年一二月一五日に死去。	『現代何鹿郡人物史』一五九頁

一八九一（明治二四）年　一二歳

三月二六日	弟繁（五男）が生まれる。	

一八九二（明治二五）年　一三歳

四月	大谷尋常中学校に入学。 飯森正芳の中学校入学に関する直接な資料は未見。ここでは『稿本』中の「石川県立第一中学校を四年修了して横須賀の海軍機関学校に進み」という記述を基準に逆算した結果である。ただ、その時、該当校は石川県立第一尋常中学校の前身、大谷尋常中学校である。	『稿本 大本北陸五十年史』一七〇頁

一八九三（明治二六）年　一四歳

六月	大谷尋常中学校は閉鎖。
七月	石川県尋常中学校が大谷尋常中学校の生徒を引継ぎ、校舎などを借りて発足する。初代学校長（奏任待遇）は富田輝象（一八五四―一九二四）。 石川県尋常中学校は一八九九年石川県第一尋常中学校と改称、一九〇七年金沢第一中学校と改称、その後も何度か改称を経て一九四九年金沢泉が丘高等学校と名を改め現在に至る。
一〇月九日	弟定省（さだみ、六男）が生まれる。 飯森定省、一九一三年四月東京美術学校西洋画科入学、一九一七年卒業、文展出品。一九六八年死去。

一八九四（明治二七）年　一五歳

七月二五日	日清戦争が開始。
年末	太田達人（一八六六―一九四五）は教諭（奏任待遇）として石川県尋常中学校に赴任。

一八九五（明治二八）年　一六歳

四月一七日	日清戦争が終結。	
一〇月二二日	妹操（ミサホ、長女）が生まれる。	
一〇月	海軍機関学校（以下は大抵、海機と略称）第六期生の召募が行われ、召募員数三〇名で、応募員数八三名だが及第員数五名だけ。対象年齢は明治八（一八七五）年一一月より同一二（一八七九）年一一月まで（海軍省告示第一一号、一八九五年六月二一日）。 海軍機関学校の前身は一八六九年東京都中央区築地で創設した海軍操練所、翌年海軍兵学寮と、一八七六年海軍兵学校と改称、一八八一年七月二八日、海軍機関学校に名を改め海軍兵学校付属機関学校として独立。一八八七年七月一五日、当校が一旦廃止され、生徒は海軍兵学校へ転校、翌年広島県江田島に移転。一八九三年九月九日、神奈川県横須賀で海軍機関学校が再設される。一九二五年四月一五日、京	『海軍機関学校一覧』一〇頁

都府舞鶴に学校移転。一九四四年九月三〇日海軍兵学校舞鶴分校として統合され、一九四五年九月三〇日廃校。

一二月二七日	海軍省告示第二六号：海軍機関学校生徒臨時召募（再召募）、召募員数二五名、来る明治二九年二月一〇日は出願期限、対象年齢は同年二月において満十六年以上満二十年以下、つまり明治九（一八七六）年三月より同一三（一八八〇）年三月までに出生の者、東京市・広島市・金沢市に試験場を設け、同年二月二五日より検査をする。飯森はこの召募に出願した。	官報第三七五一号、一二月二七日

一八九六（明治二九）年　一七歳

二月二五日	海機臨時召募の入校試験を、金沢市石川県尋常師範学校で受ける。応募員数二八六名、三つの会場（他の二か所は東京築地海軍大学校と広島市偕行社）に分かれて受験する。初日は体格検査。	機甲第四六号「本校生徒採用之義」三月二四日
二月二九日	受験二日目、代数などの学術試験をする。	同上
三月二日	受験三日目、英文和訳などの試験をする。	同上
三月四日	受験四日目、白文訓点などの試験をする。	同上
三月一〇日	受験最終日、作文などの試験をする。逐次振り落とした結果、最終試験に残った受験者は六八名となり、及第員数は三八名、その中、飯森正芳など二五名が採用された。飯森の試験成績得点順序は二一番、受験前修業所は「石川県尋常中学校」、年齢は「一六歳一か月」と記されている。 上記した一八九五年一二月二七日発の海軍省告示第二六号に示さされているように応募者年齢の下限は「一八八〇年三月生」、そのため、飯森正芳は誕生日を早くして応募したと思われる。現に彼の「軍人履歴原表」には戸籍謄本の異なった誕生日の「一八八〇年二月二日生」が記載されている。つまり受験時の「一六歳一か月」も、卒業時の「一九歳二か月」も、また「一九二八年二月一日後備役編入」と「一九三三年二月一日退役」もすべてこの誕生日を基準にしている。	同上
四月六日	海機第六期生として入学、本期入学者は一月二〇日に入学した五名とその日に入学した二五名、計三〇名となる。（図1） 学校長は海軍機関大監吉田貞一（一八五二－一九二三）。	機甲第四六号の三「生徒入校の義御届」四月七日／官報掲載案、四月一〇日／官報第三八三二号、四月一一日／『海軍機関学校一覧』

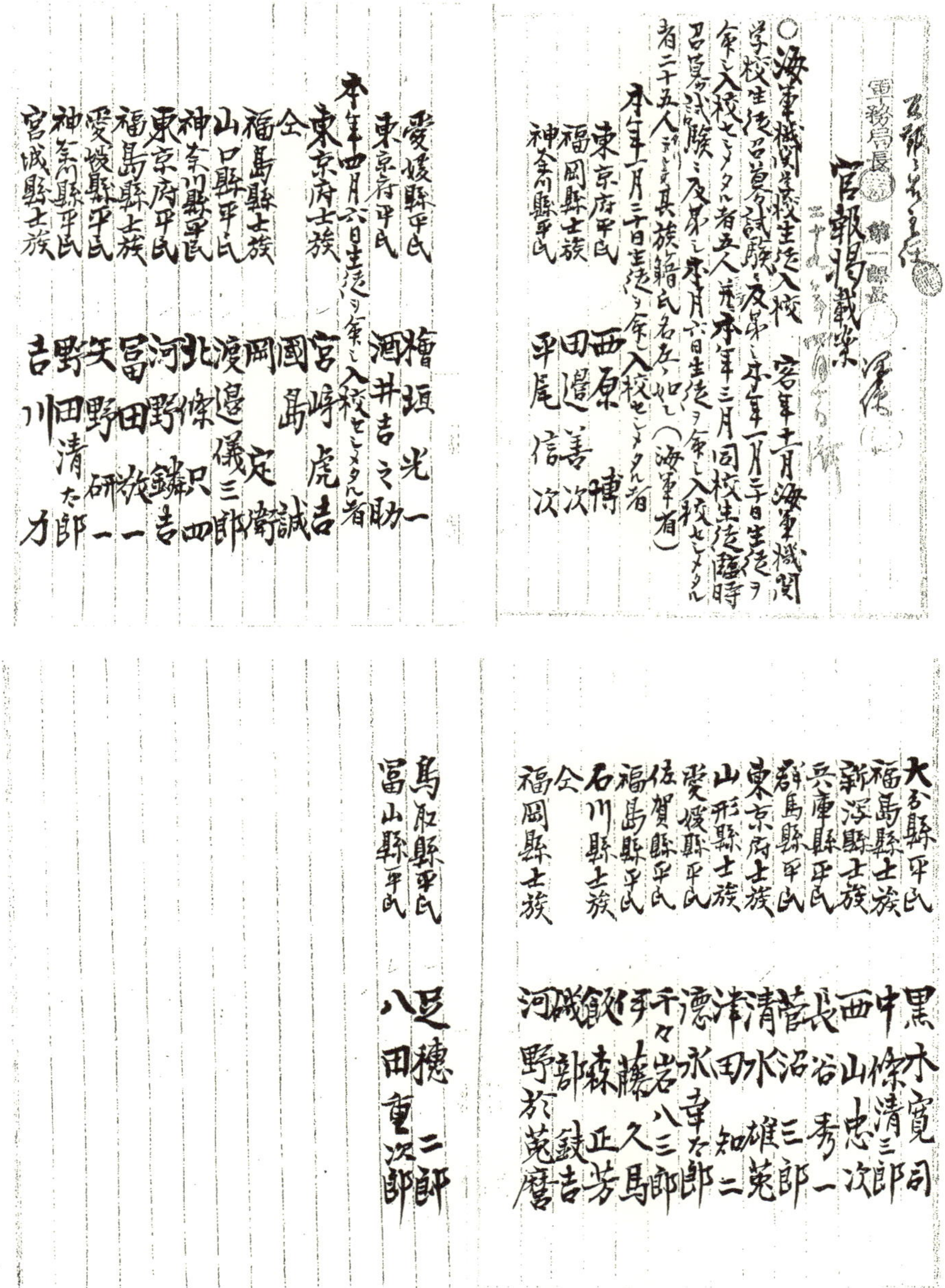

図1　海軍機関学校第六期入校生名簿
「官報掲載案」、機甲第46号の3「生徒入校の義御届」（1896年4月7日）、
「機関学校生徒採用入校並試験成績表及差免の件」より

一二月一六日	海機三期、福中鉄三郎（一八七一?‐一九四一）、藤江逸志（一八七五‐一九五二）など計一八名卒業。 福中鉄三郎は一九一一年一二月海軍機関中佐として予備役に入り、海軍将校の中で最初の大本入信者である。

一六八‐一七二頁

一八九七（明治三〇）年　一八歳

一月一〇日	海機七期、藤沢磐（一八七五‐一九四七、最終階級は少将）、与倉守之助（一八七七‐一九二二、最終階級は少将）、山下巍八郎（一八七九‐一九六〇、石川出身、最終階級は中将）など計二二名入学。
七月	海機校舎増築。
一〇月八日	海機四期、一七名卒業。
一二月二八日	海機校長が交代、新学校長は海軍機関大監湯地定監（一八四九‐一九二七）。

一八九八（明治三一）年　一九歳

一月一〇日	海機八期、河合俊太郎（一八八〇‐一九三九、石川出身、最終階級は中将）、武村耕太郎（一八七九‐一九四八、最終階級は少将）、真木俊魁（一八八〇‐一九五八、最終階級は少将）、秋元猛四郎（一八七九‐一九五七、最終階級は少将）、牧野豊助（一八八〇‐一九五二、最終階級は少将）など計四一名入学。
一月	海機生徒の増員により白浜の地に校舎を新築する。
四月二九日	海機五期、関重光（一八七五‐一九三七、最終階級は少将）、清水得一（一八七六‐?、最終階級は中将）、竹内寛（一八七七‐一九五八、最終階級は少将）、津留正寿（最終階級は大尉）など計二五名卒業。
五月九日	海機九期計一二名入学。
八月二五日	父正則と横浜・真砂町の鈴木真一写真館で撮影。（図2）
九月	海機は白浜に移転する。

一八九九（明治三二）年　二〇歳

一月二〇日	海機一〇期、杉政人（一八八〇－一九五一、最終階級は中将）、角田俊雄（一八七九－一九三五、最終階級は少将）など計四〇名入学。	
三月二五日	卒業試験開始。	
四月一三日	卒業試験結了。二一名の海機六期卒業者の中では、旧成績順序は五番、新成績順序は四番。別科卒業試験旧成績順序は一三番、新成績順序は一四番（特に法律科目の点数が低く、百点満点で二〇点）。年齢は一九歳二ヶ月と記されている。（図３）（図４） 他の卒業生は（成績順）：清水雄菟（一八七七－一九二六、最終階級は少将）、川上滴三（一八七六－一九〇四、首席）、西原博、宮崎虎吉（一八七八－一九四四、最終階級は少将）、八田重次郎、足穂二郎、矢野研一、北条只四、国島誠、磯部鉄吉（一八七七－?、石川出身、民間航空界の先駆者）、長谷秀一（文五郎）、吉川力、檜垣（栗田）光一、野田清太郎（一八七七－?、『特別攻撃隊』著者）、道家分児、岡定衛、蔵澄儀三郎、河野鱗吉、犬塚八三郎、伊藤久馬。その中、宮崎虎吉と道家分児は一年早く一八九五年四月二九日入学した者。	機甲第三一号「第六期生徒卒業試験成績表並意見書進達」四月二〇日／『海軍機関学校一覧』一六八－一七二頁

図２　飯森正芳（左）と父正則、
於横浜・真砂町の鈴木真一写真館、1898年8月25日

図３　右は飯森正芳、
撮影日不明（1899年海軍機関学校卒業頃か）

なお、同期入学した三〇人中の他の一一人：中條清三郎、津田知二、徳永斌は一年遅れで一九〇〇年四月二八日卒業、酒井吉之助、田邉善次、平尾信次、富田敬一、黒木寛司、西山忠次、河野於菟磨は中途退学、菅沼三郎は中途死亡。

本期優等生は上位三名の清水雄菟、西原博、宮崎虎吉で、飯森正芳は次点である。

四月二七日

海機第六期生卒業式が行われる。

　海機六期は海軍兵学校（以下は海兵と略称）二八期と同期扱い。

『軍事彙報』第七号、五月一五日／『海洋』第五号、五月三一日
機甲第二九号「第六期生徒卒業証書授与式施行」四月一三日

同日

海軍少機関士候補生として千代田乗組（乗艦実務練習）となる。

艦長は外記康昌大佐（一八四九－一九〇五、海兵三期）。

　千代田は一八九一年一月一日就役した装甲巡洋艦で二四三九T（トン）、乗員三五〇名、一八九八年三月二〇日三等巡洋艦に、一九一二年八月二八日二等海防艦

官報第四七四四号、四月二八日

明治三十二年四月海軍機關學校第六期生徒卒業試驗成績表
備
卒業試驗ハ本年三月二十五日ヨリ開始シ四月十三日ヲ以テ結了セリ

図4　海軍機関学校第六期生徒卒業試験成績表、1899年4月、「機関学校生徒（第六期）卒業試験成績表及証書授与式施行親王臨場賜品の件」より

	に、一九一二年四月三〇日水雷母艦に分類される。一九二四年一二月一日除籍。	
四月二八日	呉港へ。	軍人履歴原票
五月一日	千代田艦長交代、新艦長は井上敏夫大佐（一八五七‐一九二四、石川出身、海兵五期）。	
六月一七日	千代田、呉鎮守府艦隊編入。 呉鎮守府は一八八九年七月一日開庁。広島県呉市に置かれた全国に五つの海軍区の第二区を管轄する。	
八月二一日	乗艦実務練習試験結了。二一名の実務練習生の中、旧成績順序と新成績順序はともに四番。ちなみに、宮崎虎吉は三番、川上滴三は五番。	千代普第五六九号・呉鎮第三三九一号「少機関士候補生実務練習卒業報告」八月二七日
九月二日	松島乗組となる。 艦長は武井久成大佐（?‐一九〇一、海兵五期）。 松島は一八九二年四月五日就役した防護巡洋艦で四二七八T、乗員三六〇名、一八九八年三月二一日二等巡洋艦に類別され、同年六月一七日艦隊編入され、一九〇三年一二月一五日遠洋航海練習艦に類別される。一九〇八年四月三〇日沈没。	官報第四八五五号、九月五日

一九〇〇（明治三三）年　二一歳

一月一二日	任海軍少機関士、松島乗組付（常備）となる。 松島艦長交代、新艦長は大井上久麿大佐（一八五八‐一九二〇、海兵五期）。	官報第四九五七号、一月一三日
二月二〇日	叙正八位。	官報第四九八九号、二月二一日
三月一八日	松島の同僚、海機三期の中機関士藤江逸志、海機五期の少機関士津留正寿と広島県呉港眼鏡橋際・稲田の写真館で撮影。（図5）	
六月一一日	明治三十三年清国事変内地服務加算。	軍人履歴原票
六月一八日	千代田は艦隊編入。	同上
八月一日	千代田乗組（常備）となる。 艦長は松本有信大佐（一八六〇‐一九三〇、海兵七期）。同艦には、海機七期の山下巍八郎と与倉守之助（乗船期間は一九〇〇年四月二三日‐一九〇一年一月二五日）らも乗っている。	同上
一〇月二日	呉発艦、清国及び韓国（大沽・芝罘方面か）へ回航（警備）。	同上
一二月三一日	佐世保へ帰着。	同上

一九〇一（明治三四）年　二二歳

一月五日	呉港にて千代田艦長松本有信の推薦により海軍大学校機関科短期学生願書を提出。機関科短期学生志願者は飯森を含めて計七名。 飯森正芳は実際採用されていないよう。	千代秘第三号・甲旗第二九号、一月七日／教普第八八号、二月五日
二月四日	千代田艦長交代、新艦長は坂本一大佐（一八五九－一九四八、海兵七期）。	官報第五二八四号、二月一六日
二月一五日	午前一〇時三〇分、拝謁並び賢所参拝。	
三月六日	千代田は艦隊解除、練習艦と指定される。	軍人履歴原票
四月二六日	海機八期の河合俊太郎、武村耕太郎、真木俊魁、秋元猛四郎、牧野豊助らが卒業、千代田乗艦実務練習で乗艦（八月二八日まで）。	
五月二四日	呉発、清国及び韓国へ回航（練習）。	同上
七月二三日	佐世保へ帰着。	同上
八月三〇日	扶桑乗組（練習艦中）となる。艦長は成田勝郎大佐（一八六〇－一九四三、海兵七期）。	同上

図5　飯森正芳（右）と藤江逸志（中）と津留正寿、於広島県呉港眼鏡橋際・稲田、1900年3月18日

図6　飯森正芳（右）と妻久子と某子供、撮影日不明

	扶桑は一八七八年一月就役した一等軍艦で三七一七T、乗員三三七名、一九〇一年三月二一日二等戦艦に分類され、同年六月一一日に艦隊解除、練習艦となる。一九〇五年一二月一一日二等海防艦に分類され、一九〇八年四月一日除籍。	
九月七日	義和団の乱における列国と清国は北清事件に関する最終議定書（辛丑条約ともいう）を結ぶ。	
九月三〇日	午前一〇時三〇分、拝謁並び賢所参拝。	官報第五四七五号、一〇月一日
一〇月一日	任海軍中機関士。	官報第五五二二号、一一月二八日
一一月二七日	海軍水雷術練習所学生となる。	軍人履歴原票
	所長は海軍大佐内田善太郎（?-一九〇二）。	
一二月一三日	海軍水雷術練習所授業開始。 海軍水雷術練習所は一八九三年、横須賀で設立。一九〇七年四月二〇日、海軍水雷学校に改編する。一九四五年一〇月一五日、閉校。	水練教第六二号「終業御届」一九〇二年四月二日
一二月一七日	叙従七位。	官報第五五三九号、一二月一八日
一二月二八日	明治三十三年清国事変における戦功により金七〇円を賜る。	官報第五五六七号、一九〇二年一月二七日
本年か翌年か翌々年	中尉時代、ある時乗組艦内の一兵卒が重病に罹り、幹部同様、上陸治療させるべきだと主張したが、上司に却下されたため、辞意を決して賜暇を乞ふて郷里に帰った。父正則に叱られ、やめるのをとどまった。	『救済』第四編第七号、一九一四年八月二二日

一九〇二（明治三五）年　二三歳

二月一四日	宮島久子（一八八二年七月一一日生）と婚姻届を出す。久子は金沢市中本多町四番丁二三番地士族宮島六三郎の長女である。	
四月二日	海軍水雷術練習所第二〇期水雷術機関士教程を終えて卒業。同期は計六人、ほかに海機五期の清水得一、関重光、高水貞男、岡崎建吉、飯森と同じ六期の清水雄菟がいる。成績順は五番。	官報第五六二一号、四月四日／官報第五六二六号、四月一〇日／水練教第六二号
同日から	横須賀で待命。	官報第五六二一号
四月二二日	薄雲乗組付となる。同日薄雲は艦隊解除。艦長は金子満喜少佐（一八六八-一九三八、海兵一五期）。 薄雲は一九〇〇年二月一日就役した東雲型駆逐艦の六番艦で三二二T、乗員六〇名。	官報第五六三七号、四月二三日

	一九〇二年三月一五日艦隊編入。一九二三年八月一日除籍。	
五月一〇日	授明治三十三年清国事変従軍記章。	官報第五八三五号附録、一二月一三日
一〇月六日	吾妻分隊長心得となる。 艦長は、昨年服役した扶桑の艦長成田勝郎大佐である。 吾妻は一九〇〇年七月二八日就役した装甲巡洋艦で九三二六T、乗員六四四名。一九〇二年四月二二日に艦隊解除、一九四四年二月一五日除籍。	官報第五七七九号、一〇月七日
一二月二六日	賜一級俸。	官報第五八四七号、一二月二七日

一九〇三（明治三六）年　二四歳

四月一二日	明石分隊長心得となる。同日明石は練習艦となる。 艦長は宮地貞辰中佐（一八六一-一九三七、海兵九期）。 明石は一八九九年三月三〇日就役した須磨型防護巡洋艦の二番艦で二七五五T、乗員二五六名。一九一二年八月二八日二等巡洋艦に、一九二一年九月一日二等海防艦に類別され、一九二八年四月一日除籍。	官報第五九三一号、四月一四日
六月二二日	長崎発、清韓両国へ回航。	軍人履歴原票
七月二九日	舞鶴着。	同上
九月七日	明石は常備となる（第二艦隊第四戦隊編入）。	同上
九月二六日	任海軍大機関士（一九〇六年一月二六日大尉と改称）、補明石分隊長。	官報第六〇七三号、九月二八日
秋頃以降	「明治三十六年海軍大尉たりしとき、人類間の戦争を以て此上なき罪悪と」考えるようになる。	『現代何鹿郡人物史』一五九頁
	「大尉ぐらいの頃から神霊問題の研究に凝り出した。一時は宮崎虎之助という予言者と組んで不確かな予言を連発し、海軍内部では有名になった。」	『大地の母』下三六一頁
	「嘗ては宮崎預言者に帰依し、其受くる俸給の半ばを割いて共に伝道に歩いていた事などもあった。」	宮飼正慶「余が綾部生活の二年」
	「宮崎虎之助の門に帰依する前に」、「真言の門に足を踏み入れた事がある。」 宮崎虎之助（一八七二-一九二九）は宗教家、自称預言者、神生教壇を創設し布教活動をする。一九〇四年『我が福音』を著す。一九一〇年六月内務省に特別要視察人とされる。	『宮嶋資夫著作集』第七巻五頁

一一月二六日	脳充血に罹り、往返八日を除き三週間の能登へ転療願を認められ同日出発。	軍人履歴原表
一二月三日	免明石分隊長、呉で待命。	官報第六一二九号、一二月五日
一二月一七日	なお三週間休養。	軍人履歴原表
一二月一九日	叙正七位。	官報第六一四二号、一二月二一日
本年	父正則、石川県鳳至郡支会教育会より教育功労者として表彰される、同年表彰者は計一二名。	『石川県鳳至郡誌』一五二頁

一九〇四（明治三七）年　二五歳

一月七日	なお三週間休養。	軍人履歴原表
二月二日	補呉海軍港務部部員兼呉鎮守府付。 呉鎮守府司令長官は海軍中将柴山矢八（一八五〇-一九二四）。	同上
二月八日	日本陸軍先遣隊は仁川に上陸、海軍は旅順港にいたロシア旅順艦隊に対する日本海軍駆逐艦の奇襲攻撃（旅順港攻撃）により日露戦争開始。	

一九〇五（明治三八）年　二六歳

一月二日	日本軍旅順を占領。	
一月七日	旅順口鎮守府設置。長官は柴山矢八。	
同日	補旅順口鎮守府付兼旅順口海軍工作廠付。海軍工作廠廠長は海軍大佐黒井悌次郎（一八六六-一九三七、海兵一三期）。 旅順口鎮守府は一九〇六年一〇月一日旅順鎮守府と改称。一九一四年四月一日旅順要港部に降格。	『極秘 明治三十七、八年海戦史』第五部一四四頁／軍人履歴原表
一月一二日	賜二級俸。	軍人履歴原表
五月二七日	日本海海戦開始、二九日まで。	
九月五日	日露両国、日露講和条約（ポーツマス条約）調印。	
一一月三〇日	叙勲六等、授瑞宝章。	官報第六七二九号、一二月四日
一二月二九日	補海軍機関学校監事、賜一級俸。 校長は海軍機関総監（翌年一月二六日海軍機関少将と改称）山本安次郎（一八六一-一九一三）である。 海機監事の中には、海機五期の竹内寛（任期は一九〇四年一〇月二三日-一九〇七年四月	官報第六七五二号、一九〇六年一月四日

六日、兼任教官）、六期の宮崎虎吉（一九〇四年八月二七日－一九〇六年七月一二日、兼任教官）、七期の与倉守之助（一九〇五年九月二三日－一九〇六年七月一二日、一九〇五年一一月四日から兼任教官）らがおり、外国語担当の教授には浅野和三郎、英国人スティーブンソンらがいる。

浅野和三郎（一八七四－一九三七）は東京帝大文科英文学科卒。一九〇〇年、海軍機関学校英語教授に就任。一九一五年心霊体験をきっかけに大本に入信。一九一六年、綾部に移住し、翌年大本機関誌『神霊界』の主筆兼編集長に就任、教化宣伝・広報活動の先頭に立つ。一九二一年第一次大本事件による大弾圧後、教団を離れ、一九二三年心霊科学研究会を、一九三〇年一月東京心霊科学協会を設立した。

スティーブンソン（E.S.Stevenson 一八七一－?）は英国人、米国カリフォルニア州サンディエゴに本拠を置くポイント・ローマ派の神智学協会会員であり、明治・大正期、日本における神智学（theosophy、霊智学とも）普及運動の中心的な人物である。一八九八年来日、一九〇二年一〇月海軍機関学校に英語教員に就任、その後、逗子で神智学ロッジを開き、飯森正芳はこのロッジの会員である。ブラヴァツキー（E.P.Blavatsky 一八三一－一八九一）『霊智学解説』を翻訳、浅野和三郎にも大きな影響を与えた。一九〇九年、養子をポイント・ローマに送り、ラジャヨガ学院に入学させ、その後養女も同校に入学させた。一九二二年、海機を辞めてから日本人妻と共にポイント・ローマへ移住、ここで亡くなった。

宮飼陶羊「余が綾部生活の二年」／吉永進一「近代日本における神智学思想の歴史」／吉永進一「明治期日本の知識人と神智学」／吉永進一著「神智学と日本の霊的思想（一）」

一九〇六（明治三九）年 二七歳

一月二六日	海軍高等武官階級改定により海軍大機関士は海軍機関大尉と改称。	
二月二七日	補海軍教育本部出仕。 海軍教育本部長は坂本俊篤中将（一八五八－一九四一、海兵六期）。教本第二部長は、海機在学時の校長湯地定監機関中将（任期は一九〇〇年四月二八日まで）である。 海軍教育本部は一九〇〇年五月二〇日設置した旧日本海軍の組織の一つで、海軍省の外局。海軍教育の統一運用と進歩改善を任務とする。本部長は海軍大臣に隷属する。海軍大学校、海軍兵学校、海軍機関学校、砲術練習所、水雷術練習所、機関術練習所を管轄する。一九二三年四月一日廃止され、海軍省教育局が設置された。	官報第六七九七号、二月二八日
三月二〇日	加答児性黄疸に罹り、一週間引入療養。	軍人履歴原票

三月二七日	出勤。	
四月一日	明治三十七八年戦役の功により明治勲章の勲五等に叙し双光旭日章を授与、金五〇〇円賜る。	同上
同日	授明治三十七八年従軍記章。	同上
四月一八日	▼「鉄鎖を礼拝する奴隷」を執筆、一九二五年一二月刊『虚無思想研究』第一巻第六号に掲載。	
九月一三日	長男正信が生れる。	
九月一九日	正信が亡くなる。	
一〇月一〇日	補海軍教育本部部員。	官報第九八七号、一〇月一一日
一一月二二日	教育本部本部長は交代、新本部長は海軍中将出羽重遠（一八五五-一九三〇、海兵五期）である。	

一九〇七（明治四〇）年 二八歳

二月二一日	海軍機関少尉候補生堀井貞正罷免取調調査委員となる。	軍人履歴原表
三月四日	水雷に関する諸規定調査委員となる。	同上
三月一五日	補須磨（第一予備艦）分隊長。 艦長は海軍中佐臼井幹蔵（?-一九四二、海兵一三期相当）。 須磨は一八九六年一二月二日就役した防護巡洋艦、須磨型の一番艦で二六五七T、乗員二五六名、一八九八年三月二一日三等巡洋艦に、一九一二年九月一日二等海防艦に類別され、一九二三年四月一日除籍。	官報第七一一一号、三月一六日
三月二二日	佐世保発、清国北部及韓国へ回航。	軍人履歴原票
三月三一日	大牟田着。	同上
四月五日	須磨、練習艦と指定される。	同上
四月一六日	拝謁並賢所参拝出願者氏名のリストが提出され、甲乙二組の中、甲組の二人目は「海軍機関大尉正七位勲五等飯森正芳」。	須磨第一〇九号、四月一六日
四月二九日	午前一〇時三〇分、拝謁並賢所参拝。	官報第七一四七号、四月三〇日
六月一三日	澎湖島発、韓国及び清国南岸へ回航。	軍人履歴原票
七月一二日	竹敷着。	同上
八月二八日	補鹿島（第一艦隊に所属）分隊長。 艦長は海軍大佐小泉鑅太郎（一八五八-一九二五、海兵八期）。	官報第七二五一号、八月二九日

	鹿島は一九〇五年五月二八日就役した一等戦艦、香取型戦艦の二番艦で一六四〇〇T、乗員八六四名。一九〇七年一月一八日第一艦隊に編入。一九二三年九月二〇日除籍。	
一〇月一三日	宇品発、韓国へ回航。	軍人履歴原票
一〇月二二日	尾崎着。	同上
一一月一五日	鹿島艦長は交代、新艦長は海軍大佐加藤定吉（一八六一-一九二七、海兵一〇期）である。	

一九〇八（明治四一）年 二九歳

一月二四日	鹿島、艦隊解除、第一予備艦となる。	軍人履歴原票
四月二日	鹿島艦長は交代、新艦長は海軍大佐福井正義（一八五八-一九一六、海兵七期）である。	
五月一五日	鹿島艦長は交代、新艦長は海軍大佐小花三吾（一八六四-一九三七、海兵一一期）である。	
六月三日	補八重山（第一予備艦）機関長心得。 艦長は松岡修蔵中佐（一八六七-一九二七、海兵一四期）。 八重山は一八九〇年三月一五日就役した通報艦で一六〇九T、乗員二〇〇名。一九一一年四月一日除籍。	官報第七四八〇号、六月四日
九月二五日	任海軍機関少佐、補八重山（第一予備艦）機関長。	官報第七五七七号、九月二六日
一二月一〇日	補海軍工機学校教官。 校長は機関大佐伊東茂治（一八六二-一九四〇）、一九〇九年一二月一日少将に昇進。同僚には海機三期の藤江逸志（任期は一九一〇年一二月一日-一九一二年四月二〇日）、同じ六期の八田重次郎（一九一一年一二月一日-一九一二年一二月一日）、七期の藤沢磐（一九〇九年二月二五日-一九一二年一二月一日）、八期の真木俊魁（一九〇八年九月二五日-一九一一年三月一日、）、一〇期の杉政人（一九〇七年一一月一五日-一九〇九年一一月一二日）と角田俊雄（一九〇七年一〇月二二日-一九〇九年一二月一日）がいる。 海軍工機学校は一九〇七年四月二〇日、機関術に関する術科学校として横須賀で設置され、海軍機関学校を卒業した機関科将校の再教育を実施する普通科・高等科・専攻科・特修科と、機関兵・機関下士官の訓練・実習を推進する普通科・高等科を設置した。一九一四年四月一日廃止。	官報第七六三九号、一二月一一日 ／『職員録』（甲）四一〇頁
	飯森正芳は当校で一九一二年四月五日まで約三年四ヶ月勤務。その間、「横須賀市の成川淺子さんと云う懇切な旅館の三階座敷で、三日三晩沈思黙考（よくよくかんがえ）ました	福嶋久子「顕幽出入談」第三回

一二月一一日	上で退職」を決意したよう。叙従六位。	軍人履歴原票

一九〇九（明治四二）年　三〇歳

三月一九日	長女芳子が生れる。	
三月二二日	芳子が亡くなる。	
四月一八日	明治四二年勅令第四二号の旨により皇太子渡韓記念章を授与。	官報第七七七一号、五月二四日

一九一〇（明治四三）年　三一歳

五月一七日	次男正幸が神奈川県横須賀市で生れる。	

一九一一（明治四四）年　三二歳

一月二八日	化学的食養会会員として、横須賀の良長院で開催された化学的食養講話会に参加。	飯森正芳「偶感」『聖女光子之声』五〇二–五〇三頁
二月頃	東京京橋区月島在住の宮崎虎之助が家賃を工面するために来訪、また伝道のこともあって四、五日滞在した。その間、宮崎の妻光子（一八八五–一九一六）らは大家さんに家を追い出された。その後、月島で別の家を借りるように宮崎に援助した。	
三月五日	▼一月二八日講話会に参加した感想を、「偶感」を題にした一文を著して『化学的食養雑誌』第四一号に発表。	『化学的食養雑誌』第四二号、四月五日
同日	来賓として化学的食養会横須賀支部発会式に列席。	
一二月一日	海軍工機学校長は交代、新校長は機関少将賀茂厳雄（一八六七–?、海機旧三期）。	

一九一二（明治四五・大正一）年　三三歳

一月四日	妻久子、次男正幸（一歳七か月一八日）と横須賀の写真館で撮影。（図7）	官報第八六四九、四月二二日
一月三一日	▼「十箇條の質問に対する回答」を執筆、一九一三年一一月刊『一元相互 春の巻』に掲載。	
四月二〇日	補宗谷（練習艦）機関長。	

	艦長は海軍大佐堀内三郎（一八六九－一九三三、海兵一七期）である。 宗谷は一九〇一年一月一四日竣工したロシアの巡洋艦ヴァリャーグで六五〇〇T、乗員五七〇名。一九〇五年八月二二日捕獲されて二等巡洋艦に類別され、一九〇七年七月九日日本艦隊へ編入。	
四月頃	横須賀から東京小石川区白山に引っ越した。	
七月三〇日	改元、元号は大正となる。	
八月二二日	仁川発、大連及び旅順へ回航。	軍人履歴原票
八月二六日	本籍を金沢彦三一番丁一五番地の一と一六番地の一の合併地から鳳至郡穴水町字川島カの九八番地に転じた。	
九月七日	佐世保着、一時帰国。	同上
一一月一二日	宗谷は、横浜沖に大演習観艦式に参加。参加艦艇は計一一五隻、四六万八二五T。 中村文によると、軍を辞めるために、当時機関長であった飯森は観艦式中、わざと機関の圧力をあげず、自分の軍艦を艦列から離脱させた。これが退職の原因となった。 この証言は、事件が「大正天皇が即位記念の大観艦式」の時に起きたとしているが、しかし該当の大観艦式が行われた一九一五年に飯森はすでに予備役に入った。編者は、もし以上の出来事が事実であれば、大正元年一一月一二日の観艦式の時以外に	中村伯三「飯森正芳という快男児」

図7 飯森正芳と妻久子と次男正幸（1歳7か月18日）、於横須賀、1912年1月4日

図8 海軍機関中佐なった日の飯森正芳、於神田一ツ橋通りのS.BABA写真館、1912年12月1日

	はないと判断した。	
一二月一日	任海軍機関中佐。	官報第一〇二号、一二月二日
同日	午後一二時、神田一ツ橋通りの馬場写真館で撮影。（図8）	
一二月五日	横須賀発、豪州へ回航。	軍人履歴原票
本年	小石川区白山前町四四の飯森家に宮崎虎之助氏夫妻が同居することとなり、この住所は教壇の拠点のみならず、宮崎光子が関わった真新婦人会の事務所ともなった。そのためか、飯森の上司である武田秀雄に強く反対された。 　武田秀雄（一八六三-一九四二）は一九〇九年一二月一日海軍機関少将、一九一〇年一二月教育本部第三部長に就任、一九一三年一二月一日中将に進み海機校長に就任。なぜか、当記事の中で彼のことを中将と書いている。	『東京朝日新聞』一九一三年五月四日「将軍と預言者と真新婦人追放されんとする宮崎夫妻」

一九一三（大正二）年　三四歳

一月二八日	午前六時三〇分、次男正幸は亡くなる。	『読売新聞』朝刊二月三日「風変りの葬儀 預言者宮崎氏の司会」（図9）
一月三〇日	午前一〇時、小石川区白山前町四四の自宅（飯森は回航中で不在）にて正幸の葬儀が行われ、宮崎虎之助は司会、横須賀龍本寺住職横井龍顕は法華経（日蓮）を、波多野烏峰はヨハネ伝（耶蘇）、外国語学校教師印度人バラカツラーはコーラン（マホメット）を朗読した。 「オーストラリア方面へ出かけるさい、日本へ（に）のこした子供二人が死んだのがきっかけで、心境一変、現職を退りぞき、神霊学に没頭し、一時出口王仁三郎と肝胆相照らす仲となって、大本教の宣伝使をつとめたり、……」 　確かに、『むさうあん物語』のいうように、子供の早世が飯森の軍を退く一因となっている。ただ、亡くした子供は三人、豪州への回航中亡くしたのは第三子である。	『むさうあん物語』第一三、四一八-四一九頁
二月一〇日	叙正六位。	官報第一五九号、二月一二日
四月二一日	横須賀着。	軍人履歴原票
四月二三日	午前一〇時三〇分、拝謁。	官報第二一八号、四月二四日
五月一日	宗谷、第一予備艦となる。	軍人履歴原票
五月二四日	補富士（運用術練習艦）機関長兼教官。 艦長は原静吾大佐（一八六五-一九四三、海兵一三期）。 　富士は一八九七年六月二四日竣工した一等戦艦で一二五三三T、乗員七二六名。 一九一二年八月二八日一等海防艦に類別される。一九四五年一一月三〇日除籍。	官報第二一八号、五月二六日

日付	事項	出典
同日	▼「宣言」を執筆、「人間は絶対不可侵の生命なり」「人間は異性異色老幼文野を問わず凡て同等の権力を有すべし」を含めた十二か条という内容となる文章である。 この文章は軍当局に押収された。	中第二五三七号「予備役海軍機関中佐飯森正芳の行動に関する件」一九二二年七月一〇日
五月三一日	叙勲四等、授瑞宝章。	官報第二五一一号、六月二日
六月	呉市の軍港停泊中、伝道中の宮崎虎之助に誘いの電報を打ち、宮崎一行の到着を呉駅まで妻久子を迎えに行かせ、そして一行を飯森も協力して設立された呉軍人ホーム（一九〇八年設立）に泊まらせた。翌晩、説教会が開かれ、飯森と海機同期の伊吹機関長心得川上滴三機関少佐、海機八期の呉工廠造機部部員河合俊太郎機関少佐、呉軍人ホームの創設者十	『聖女光子の声』四五二―四五四頁

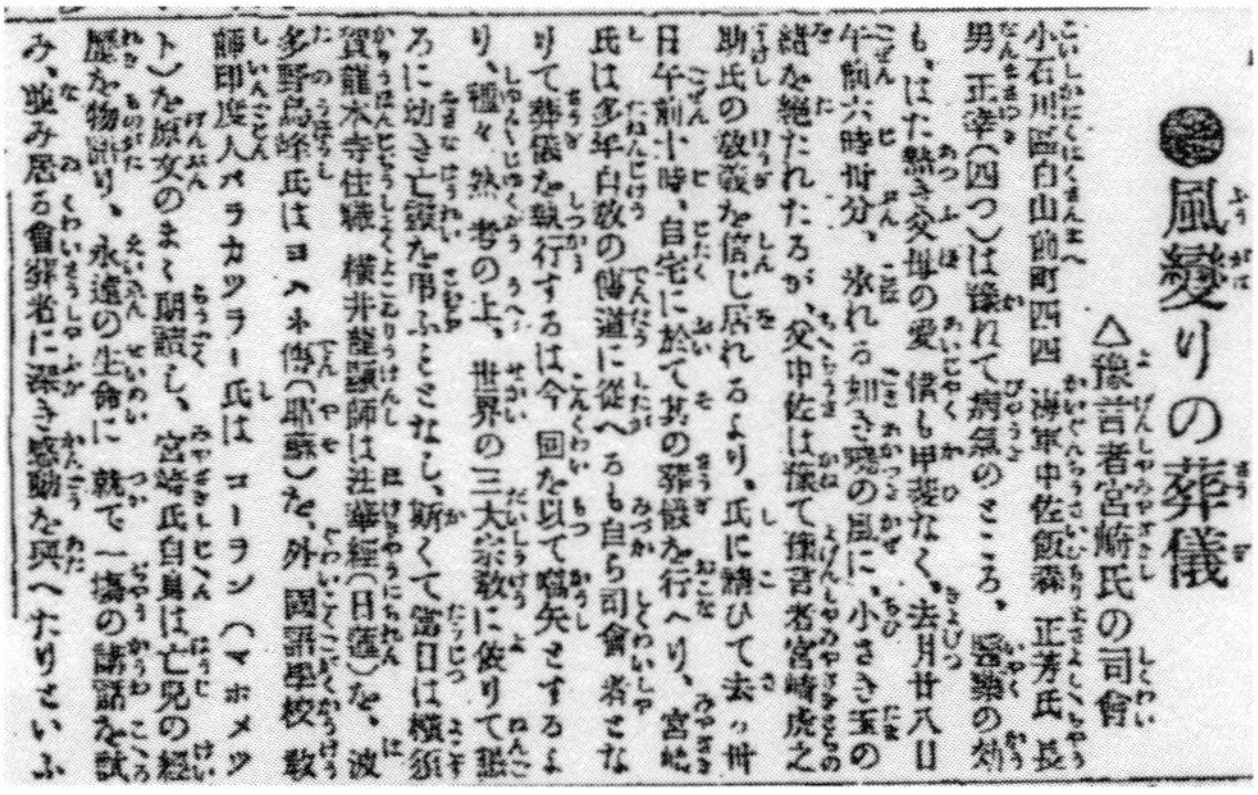

●風變りの葬儀
△豫言者宮崎氏の司會
小石川區白山御殿町四四 海軍中佐飯森正芳氏長男正孝（四つ）は豫て病氣のところ、醫藥の効も、はた熱き父母の愛情も甲斐なく、去月廿八日午前六時廿分、承れる如き魂の風に、小さき玉の緒を絶たれたるが、父中佐は豫て豫言者宮崎虎之助氏の教義を信じ居れるより、氏に請ひて去る卅日午前十時、自宅に於て其の葬儀を行へり、宮崎氏は多年自教の傳道に從へるも自ら司會者となりて葬儀を執行するは今回を以て嚆矢とするよし、種々熟考の上、世界の三大宗教に依りて擧行ことなし、斯くて當日は横須賀龍本寺住職横井龍顯師は法華經（日蓮）を、波多野烏峰氏はヨハネ傳（耶蘇）を、外國語學校教師印度人メラカツラー氏はコーラン（マホメット）を原文のまゝ朗讀し、宮崎氏自身は亡兒の經歴を物語り、永遠の生命に就て一場の講話を試み、並み居る會葬者に深き感動を與へたりといふ

図９「風変りの葬儀 預言者宮崎氏の司会」、『読売新聞』朝刊1913年２月３日

	時菊子（一八七四―一九四六）などが参加した。説教会の翌日、妻久子と一緒に、宮崎虎之助及びその妻光子、娘照子を案内して石槌山に登った。	
一一月下旬	宮崎虎之助が伝道より東京に戻ったが、かつて飯森の家族と同居していた白山境内の教壇に戻ることはできなかった。	同上四九五頁
一一月二九日	▼「十箇條の質問に対する回答」を金子博愛の『一元相互 春の巻』に発表。	
一二月一日	補石見機関長。同日石見は第一艦隊編入。艦長は小林恵吉郎大佐（?―一九四五、海兵一五期）。 石見は一九〇四年一〇月就役したロシアの戦艦オリョールで一三五一六T、乗員八一六名。一九〇五年五月二八日日本海戦で降伏、大修理して一等戦艦として一九〇八年一一月日本艦隊へ編入。一九一二年八月二八日一等海防艦に類別変更、一九二二年九月一日に除籍。	官報第四〇四号、一二月二日

一九一四（大正三）年　三五歳

二月一二日	古仁屋発、支那回航。	軍人履歴原票
二月一八日	佐世保着。	同上
五月初旬	急遽呉軍港から上京して入院中の宮崎光子を見舞う。宮崎光子に予言者宮崎虎之助を信ずる信仰のために軍職を捨てて献身的に新宗教の伝道に従事すると話した。さらに教壇へ同居するために妻久子を離別して単独となって伝道するとも言ったが光子に反論されその考えをやめた。またここまでの知人の家にはどこにもここにも飛び込んで新信仰を告白する。村田通太郎（『宮崎帝子』の編者）の入信に大いに力を発揮した。	『聖女光子の声』四九八―四九九頁
五月二九日	補相模（第一予備艦）機関長。 相模は一九〇一年六月就役した旧ロシア戦艦「ペレスヴェート」、一二六七四T、乗員七八七名。一九〇五年一月一日捕獲され、一等戦艦に類別、大修理して一九〇八年秋に完了、一九一二年八月二八日一等海防艦に類別された。一九一六年四月四日除籍。	官報第五四八号、五月三〇日
五月頃	高田集蔵との交際始まる。高田は『村落通信』に文を発表して飯森のことを「〝我は神也〟という尊き信念に立ち、愈々其の神性を発揮せんが為に、官職を抛ち、父母に辞し、勇猛精進せらるゝの人」、「米のセオソフィカルソサエチーの会員、トルスタイアン、全租税論者、而して歩むに蟻を殺さぬ用心をする豫備海軍機関中佐」と評している。後の別の文中	高田集蔵「飯森正芳神」 高田集蔵「まぼろし」

	では「正芳さんと莫逆の友である関係」だと称している。 高田集蔵（一八七九―一九六〇）はキリスト教をはじめさまざまな宗教を遍歴していた人物である。『独立』『村落通信』といった求道的な個人雑誌を発行し、交友範囲が非常に広い。	
六月三日	海軍省人事局に行き、現役引退宗教界に活動したき旨を率直に申し出る。	『現代何鹿郡人物史』一五九―一六〇頁
六月四日	免職、待命。	軍人履歴原表
同日	東京に出て宮崎虎之助の教壇に行き、さっそく布教活動開始。	『現代何鹿郡人物史』一六〇頁／『救済』第四編第七号、八月二一日
七月一日	予備役に入る。 海軍高等武官准士官服役令（勅令第六八号、一八九九年三月二七日）第三条によれば現役定限年齢は中佐なら満四八歳、第八条によればその年齢に達していない場合には予備役に服する。	軍人履歴原表
七月一五日	「海軍機関中佐飯森正芳」という名刺を持って東京永田町売文社の堺利彦を訪れる。その名刺の裏には大縣の住人（高田集蔵のこと）と署名してある。堺に、軍職が嫌になり今度休職が何かにしてもらい、さらに宮崎虎之助と手を切り、呉の軍人ホームに行って働くとも言った。「極めて温厚真摯な人物で、それにも係わらず『福娘』の一壜を持って来て、土産として僕に呉れ、猶世間の神様にも似ず、『敷島』をスパスパやって、ジワリジワリ話をしたりする。」という飯森に対する印象を堺が書いている。 堺利彦（一八七一―一九三三）は日本社会主義運動の先駆者。『平民新聞』などを発刊。日本社会党や日本共産党の創立に参加。	渋六「しぶ六より木華子」／渋六「神々の行末」／飯森正芳「朴念心より」／飯森正芳「正芳神より」
七月三一日	特旨を以て位一級被進、叙従五位。	官報第六〇一号、八月一日
七月末八月初	日本基督教青年会同盟主催の第二四回夏期学校（七月二九日～八月五日）を訪ねる。	『開拓者』第九巻第九号、九月一月
一〇月九日	▼「朴念心より」を執筆。	
一〇月二五日	▼「朴念心より」を『大阪経済雑誌』一〇月号の、岡田播陽が主宰する「三昧楼日記 酔人醒人」の欄に発表。 岡田播陽（一八七三―一九四六）は文筆家、『明けんとする夜の叫び』『近江聖人』などを著す。小説家岡田誠三（一九一三―一九九四）はその息子である。	

一一月二五日	▼「正芳神より」を『大阪経済雑誌』一一月号の「三昧楼日記 酔人醒人」（続）の欄に発表。文中、二二歳の弟定省の本年文展出品（「北の海」）や歯牙完備の髑髏を当誌に寄贈したことに言及。	岡田播陽「師友並びに本誌の読者」

一九一五（大正四）年　三六歳

一月二九日	宮崎虎之助の妻光子が死去、享年三二歳。	
初春	半年ぶりに高田集蔵を再訪。数時間も歓談したのち、一緒に大阪柏原で飲み、話にふける。飯森は「神様が洒落を真実とはきちがへ」と書き、高田は「笑ひこけたる河内聖人」と書き添えた。	高田集蔵「河内聖人」
三月一二日	生母たけの命日。高田集蔵の家で供養をした。	高田集蔵「雑記帳より（一）」
三月	米国カリフォルニア州サンディエゴのポイント・ローマにある万国同胞協会神智学会へ、神智学並びに幼童教育研究に行く準備のため、京都に行く。	藤本薫「飯森正芳君」
四月二〇日	高田集蔵の転居を手伝う。	高田集蔵「停掃録（其の三）」
六月上旬	渡米しようという直前に、京都にいる友人、海機三期の予備機関中佐福中鉄三郎を訪ね、「ロシアの婦人ヘレナ・ペトロフナ・ブラヴァツキーの創始した神智学同胞協会（セオソフィブラッザーミッドソサエティ）がアメリカにあってね、その運動に参加するつもりだ。」と話した。しかし、福中に大本に入信するように勧められる。翌日、福中について綾部にある大本本部を訪ね、教祖の出口なおと出口王仁三郎に会う。 　大本は大本教ともいわれるが、正式名称は「大本」である。出口なお（一八三七‐一九一八、開祖）と出口王仁三郎（一八七一‐一九四八、聖師、なおの五女すみの夫）が興した神道系新宗教である。前者の『大本神諭』と後者の『霊界物語』が教典とされる。一九二一年と一九三五年二度弾圧を受けた（第一次と第二次大本事件）。一九八〇年の内紛により、「大本信徒連合会」と「愛善苑」と二つの組織ができた。	宮飼陶羊「余が綾部生活の二年」／鳴球「入信の径路・参綾の動機」／『大地の母』下三六〇‐三六二頁／吉永進一「明治期日本の知識人と神智学」
六月一二日	綾部から一時帰郷、一七日まで能登の穴水に滞在。	高田集蔵「飯森正芳兄より」
六月一八日	綾部に戻る。午後、大本の経営にかかわる興風合名会社の総会に参加。近いうちに興風学舎という学校ができ、その担当になる予定という。	同上
六月一九日	▼丹波綾部大本本部より高田集蔵宛の書簡を送る。	同上
七月一〇日	午後二時、大日本修斎会（当時、大本の通称）本部が丹後沓嶋冠嶋参拝を催し、第二船隊長として参加。他の統率者は、修斎会教主教統梅田、第一船隊長福中（鉄三郎）海軍中佐	『敷島新報』第一三号、七月一五日／同第一四号、八月一五日

	など。	
七月一八日	根本学社婦人会は初会を金竜殿で開催し、学長として演説し、他の演者は出口（王仁三郎）教主、村野教監（講師）などである。	『敷島新報』第一四号
七月二〇日	根本学社学長として、教育会発起のことで名古屋市の皇風幼稚園主朝倉氏と打合わせのため尾寺忠雄を従え東上せり。	同上
八月一三日	東京宣教から帰綾。	『大地の母』下三六三頁
八月一八日	根本学社婦人会が金竜殿に開催、学長として講演、他の演者は（王仁三郎）会長、村野講師がある。	『敷島新報』第一五号、九月一五日
八月二三日	学長として国民教育関係の会の設立するための東京出張から帰院。	同上
八月二八日	教監として湯浅教監とともに新舞鶴へ布教の為に出張、軍艦香取副艦長海軍中佐山口伝一（一八七九－一九四七、海兵二六期）の依頼に応じ乗組員二五〇人に対し、大本教理の演説を為し一同に大なる感動を与え、翌二九日帰院。香取艦長堀輝房（一八六八－一九四八、海兵一六期）海軍大佐は飯森と同じ石川出身。	同上
八月下旬	大日本修斎会副会長・教監として湯浅教監とともに、同道布教使西谷正康、修斎西谷源之助両氏を従え但馬国美方郡へ巡教。	同上
九月二四日	秋季大祭典にて講話する。	『敷島新報』第一六号、一〇月二〇日
九月二五日	大本直霊之大神前、副将軍として将軍出口朝野、同副将軍梅田信之などとともに神誓を捧げる。	同上
同日	直霊軍の旗揚式本部で本宮直霊軍の旗上式で直霊軍進軍歌を高唱する。「直霊軍の軍規や位階名等が軍隊の呼称に類似するのは飯森や福中の影響と考えられる。」「直霊軍と云うのは、大正四年の秋頃に、飯森氏の発議で出来上がったもの」	同上、高田集蔵「飯森正芳兄より」／宮飼陶羊「綾部生活の思い出」高田集蔵「飯森正芳兄より」
九月二六日	綾部町に二十余名の軍霊と共に出陣、停車場其の他にて開戦。	同上
九月二七日	往復九里の弥仙山に参詣。	同上
九月二八日	三〇日にかけ丹後元伊勢大江山に進軍、各所の村落にて神軍旗、革正旗、十球旗を樹て、数名の軍霊と共に奮戦。	同上
一〇月初旬	▼高田集蔵宛の書簡が高田の手元に届く。	『敷島新報』第一六号
一〇月二〇日	直霊軍本部が階名・軍職を発表：上総介将軍出口朝野、丹波介副将軍飯森正芳、山城介副将軍梅田信之などの人事を公表。また直靈軍進軍の歌の歌詞を二段目まで発表。 一、ヒラヒラと神軍旗　ヒラヒラと革正旗	

	先頭に押立て大本の　直霊軍は進むなり 　敵は何万ありとても　恐れず　まず堂々と 二、ヒラヒラと神軍旗　ヒラヒラと革正旗 　先頭に押立て立向ふ　悪魔の軍勢と戦ひて 　勝関もろとも挙る迄　命を惜まず進みゆく 直霊軍進軍歌の作詞作曲は飯森正芳である。	高田集蔵「飯森正芳兄より」／『大地の母』下三六四頁
一〇月二一日	大本教直靈軍の将軍服を着て高田集蔵を訪ね、高田の長女、二歳足らずの一燈子（一九一四年二月二日生）と遊び、一燈子に曲玉をもプレゼントした。一燈子に「いももおじさん」と呼ばれる。 飯森（いいもり）は「いもり」と呼ばれることがあるから、それの子供言葉で「いもも」となったか。	高田集蔵「飯森正芳兄より」
一一月五日	難波出張所で、直靈軍大阪分営旗上式、王仁三郎らと参列する。ここで福島久子と初めて会う。 福島久子（一八六八－一九四六）教祖出口なおの三女、王仁三郎の妻すみ（五女）の姉。一八九九年人力車夫の福島寅之助と結婚。亀岡の隣町八木に住み、王仁三郎に反対する言動をとるがため、福島久子のグループは八木派と呼ばれる。	福嶋久子「顕幽出入談」第三回／『大地の母』下三六九頁
一一月六日	肝川支所の直霊軍の旗上式に本部から内藤正照、星田悦子、福島久子とともに参列にいく。 星田悦子（一八六九－一九二七）父長谷喜助、母マサの次女として大阪市西区北堀江上通三丁目二番地に生まれる。芸妓を経て田中屋という青楼閣の女将となる。福島久子の八木派とされる。飯森正芳と、またその父正則とも親交ある。	福嶋久子「顕幽出入談」第一、三回／『大地の母』下三七二頁
一一月八日	神戸港の波止場で演説、さらにかつて就役した、神戸港に碇泊中の吾妻を訪問、士官室で演説した。吾妻艦長は竹内重利（一八七一－一九五一、海兵一〇期）。	福嶋久子「顕幽出入談」第三回／『大地の母』下三七六－三七七頁
一一月九日	福島久子と綾部にもどり、福島久子の夫・寅之助と一緒に統務閣の教祖室で出口なお、王仁三郎と会う。	福嶋久子「顕幽出入談」第三回／『大地の母』下三七八頁
同日	夜の役員会議で福島久子との全国宣教活動を同意。	『大地の母』下三八〇－三八一頁
一一月一〇日	京都御所で大正天皇即位の礼が行われる。	
同日	勅令第一五四号の旨により大礼記念章授与。	
同日	大本教内閣補任を発表：大本教教統兼根本大礼記念章学社社長梅田信之、大日本修斎会会長兼根本学社学長飯森正芳、敷島新報社社長兼興国合名会社長羽室尚尊、顧問福中鉄三郎	『敷島新報』第一九号、一一月五日

	など。	
一一月一九日	石の宮鎮座三週年記念祭、副祭主として祭主梅田信之などとともに参列。	『敷島新報』第一七号、一一月二〇日
一一月二〇日	郡内在住地方饗饌者、飯森正芳を含めた三五名の名前が掲載される。	同上
一二月五日	直霊軍の直霊軍規一六条、直霊軍制一六条、直霊軍進軍の歌四段、直霊軍歌一二段、産土神社歌三段が発表。	『敷島新報』第一九号
一二月	福島久子と横須賀方面に布教のために出張。「三峰山」（石井ふゆのこと）という行者のところで海機同僚だった浅野和三郎と逢い、翌日福島久子をつれて浅野家を訪ね、大本の話をした。横須賀に滞在した二週間余りの間に、毎日二三回浅野家を訪ねて大本の話をする。	鳴球「入信の径路・参綾の動機」／『大地の母』下三九一－三九三頁
本年か翌年	井篦文によると「近頃日本でも武者小路氏等が九州に〝新しき村〟を建てました。…此外京都府綾部町の大本教でも、先年共産社会を実現しましたが、これは失敗に終わりました。その主導者であった海軍機関中佐飯森正芳君の直話によれば、最初会員を募集した場合には、六十家族が立地に応募しました。中には借金を持参した者もあったそうですが、また相当の財産を投出して来た者も少なかったそうです。…」 一九一八年、武者小路実篤とその同志により、新しき村が日向の児湯郡木城町に発足される。	井篦節三「ユウトオピア物語」（下）、一九一九年九月一日

一九一六（大正五）年　三七歳

二月八日	高田集蔵を訪ね、その次女慈雨子（二月六日生）の出産祝いとして酒や鯣や昆布をもっていった。また「和合の家」を題に「一燈山房春　慈雨潤高田　潜龍正出現　生民耳目新」という楽書を書いた。	『母と私』九四頁（『村落通信』第八六信からの引用、『高田集蔵文集』に未収）
二月九日	直霊軍の別動隊として白虎隊（少年）・娘子軍（少女）・幼年軍（幼年）が成立。その成立に大いに関与。	『大本七十年史』上三四〇頁
二月	小石川町の神生教壇で宮崎虎之助と論争する。	高田集蔵「村田通太郎兄より」
四月一一日	主導で大本根本学社機関誌『このみち』を創刊。	
同日	▼このみち発刊の辞、春季大祭、たてかへのいろはを『このみち』創刊号に発表。（図10）	
四月二八日	綾部駅を発車東向の途につく、出口正天、浅野文学士、夫人多慶子氏ら一行六名を見送る。	『敷島新報』第三二号（『このみち』五回目）、六月一日
四月三〇日	出口王仁三郎、浅野和三郎などが、飯森がかつて三日三晩思案して海軍の辞職を決意した	『敷島新報』第三四号（『このみち』

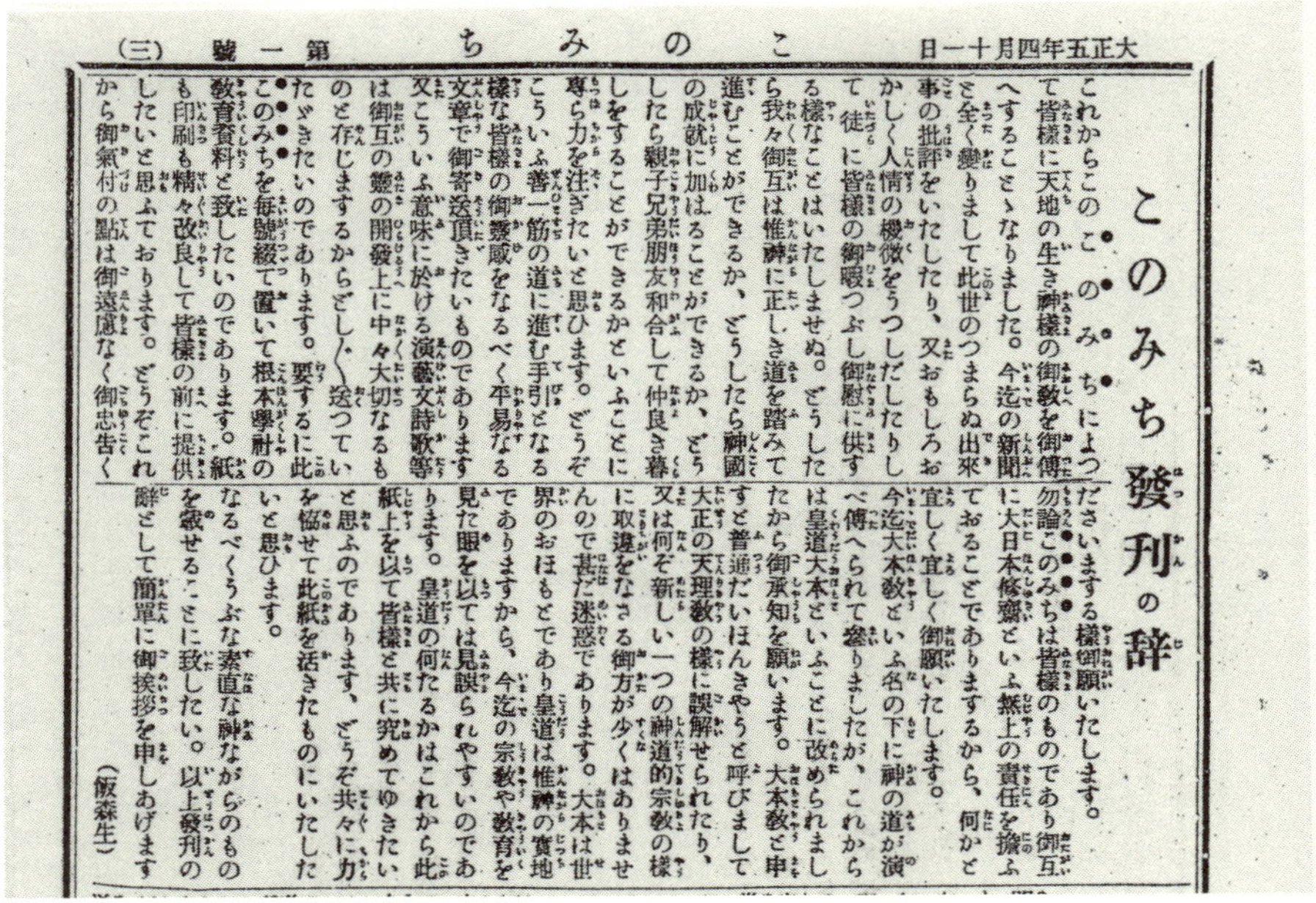

大正五年四月十一日　こ　の　み　ち　第一號　（三）

このみち發刊の辭

これからこのこのみちによつて皆様に天地の生き神様の御教を御傳へすることゝなりました。今迄の新聞を全く變りまして此世のつまらぬ出來事の批評をいたしたり、又おもしろおかしく人情の機微をうつしだしたりして徒に皆様の御暇つぶし御慰に供する様なことはいたしませぬ。どうしたら我々御互は惟神に正しき道を踏みて進むことができるか、どうしたら神國の成就に加はることができるか、どうしたら親子兄弟朋友和合して仲良き暮しをすることができるかといふことに專ら力を注ぎたいと思ひます。どうぞこういふ善一筋の道に進む手引となる様な皆様の御感想をなるべく平易なる文章で御寄送頂きたいものであります又こういふ意味に於ける演藝文詩歌等は御互の靈の開發上に中々大切なるものと存じまするからどし〳〵送つていたゞきたいのであります。要するに此このみちを毎號綴て置いて根本學社の教育資料と致したいのであります。紙も印刷も精々改良して皆様の前に提供したいと思ふております。どうぞこれから御氣付の點は御遠慮なく御忠告くださいまする様御願いたします。勿論このみちは皆様のものであり御互に大日本修齋といふ無上の責任を擔ふておるこそでありまするから、何かと宜しく宜しく御願いたします。

今迄大本敎といふ名の下に神の道が演べ傳へられて參りましたが、これからは皇道大本といふことに改められましたから御承知を願います。大本敎と申すと普通だいほんきやうと呼びまして大正の天理敎の様に誤解せられたり、又は何ぞ新しい一つの神道的宗敎の様に取違をなさる御方が少くはありませんので甚だ迷惑であります。大本は世界のおほもとであり皇道は惟神の實地でありますから、今迄の宗敎や敎育を見た眼を以ては見誤られやすいのであります。皇道の何たるかはこれから此紙上を以て皆様と共に究めてゆきたいと思ふのであります、どうぞ共々に力を協せて此紙を活きたものにいたしたいと思ひます。

なるべくうぶな素直な神ながらのものを載せることに致したい。以上發刊の辭として簡單に御挨拶を申しあげます

（飯森生）

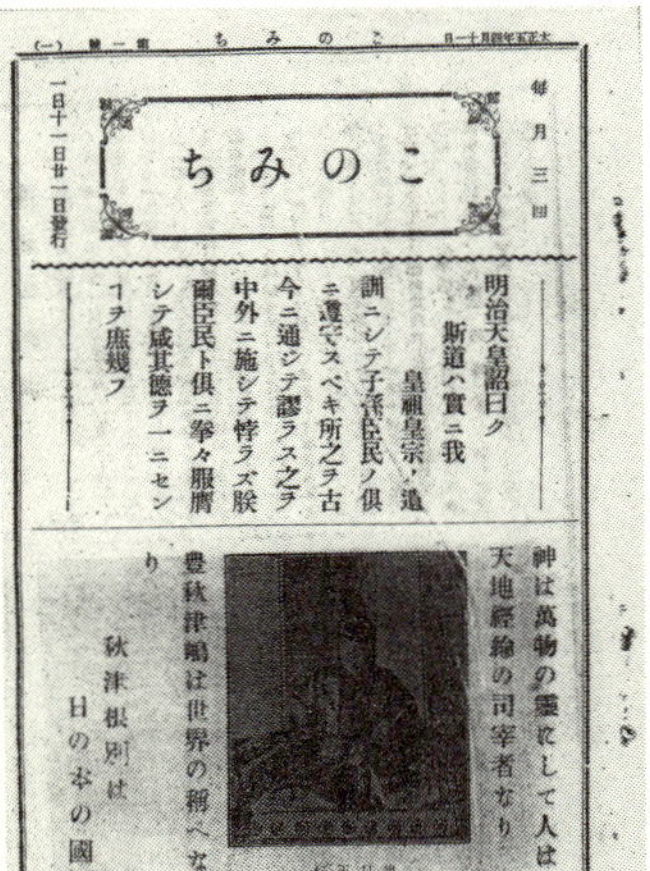

大正五年四月十一日　こ　の　み　ち　第一號　（一）

每月三回　一日十一日廿一日發行

こ　の　み　ち

明治天皇詔曰ク　斯道ハ實ニ我　皇祖皇宗ノ遺訓ニシテ子孫臣民ノ倶ニ遵守スヘキ所之ヲ古今ニ通シテ謬ラス之ヲ中外ニ施シテ悖ラス朕爾臣民ト倶ニ拳々服膺シテ咸其德ヲ一ニセンコトヲ庶幾フ

神は萬物の靈にして人は天地經綸の司宰者なり

豐秋津嶋は世界の稱へなり

秋津根別は　日の本の國

図10　『このみち』第1号（1916年4月11日）1面と
飯森正芳著「このみち発刊の辞」

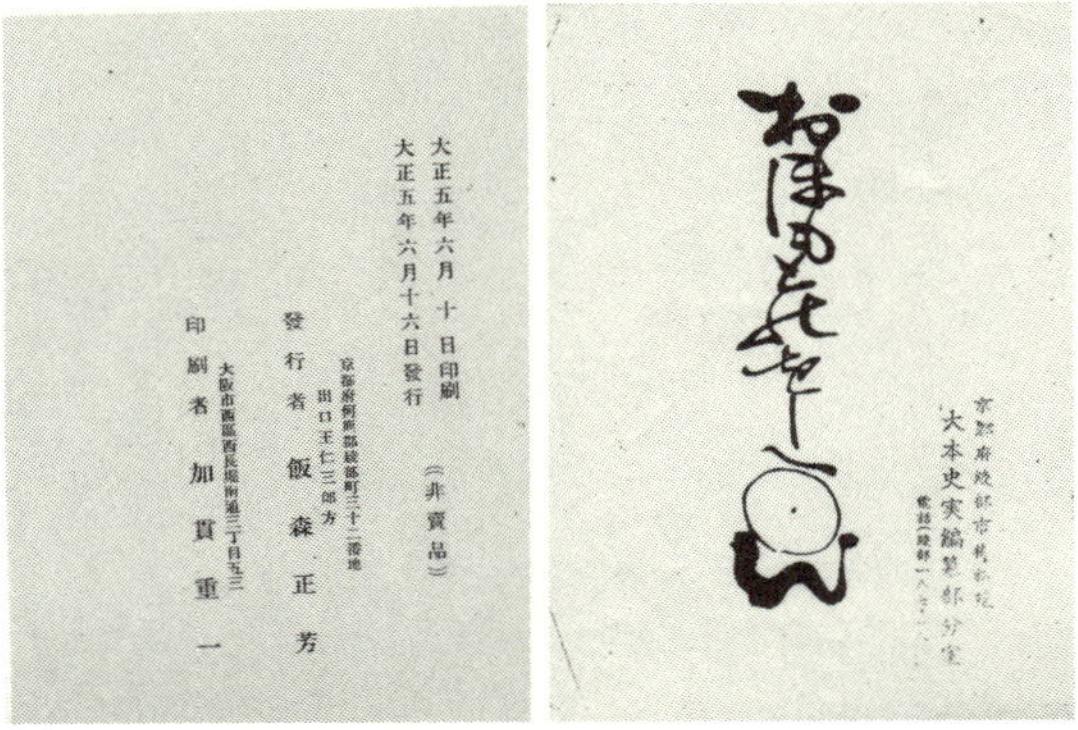

図11　飯森正芳著『おほもとのをしへ』（表紙、奥付）

	横須賀の三浦屋を訪ねる。	六回目）、六月二一日
五月一日	『敷島新報』第二九号と『このみち』三回目との合同刊行が開始。	
五月九日	午後、妻久子、福島久子らと六人で共に舞鶴港に到り、船に乗り翌日冠島に上陸、さらに沓嶋へと、そして舞鶴に戻る。	『敷島新報』第三二号
五月上旬	福島久子と半年余りの布教から一時帰綾。 友人高田集蔵と岡田播陽の紹介で綾部に来た宮飼正慶に会う。 宮飼正慶は本名慶三郎、別名陶羊、一八八九年大阪生。一九一七年一月、大本機関誌『神霊界』主任記者、庶務主任を務めたが、同年一〇月宮武外骨の招きで『スコブル』社へ、一九二二年『大阪日日新聞』入社、美術記者・政治記者・政治部長を歴任。 この頃、高田と岡田播は飯森のように大本と密な関係をもつ。『敷島新報』に関係文章は多数掲載され、例えば「鰐は…蠑螈と共に金龍池を掘って仇波を打たして泳いで居る。併し鰐も蠑螈も高田の蛙も岡田の海坊主も何時迄も水中の者では無かろう。鰐は天正を転倒して既に正天という符牒まで付けて居る。」 ここでは、高田は「蛙」、岡田は「海坊主」、そして出口王仁三郎は「鰐」、飯森は「蠑螈」とたとえられている。	『大地の母』下四四一頁 宮飼陶羊「余が綾部生活の二年」／宮飼慶之「桑の葉の茂る頃」第一回（第二節） 『敷島新報』第三三号
五月中旬	福島久子と再び八木のほうへ布教に出る。留守をする妻久子は出口家に養子に来た大二（ひろつぐ）少年の母親代わりに世話をしていた。 布教中、宮飼と文通あり。飯森の葉書は三段に書き分けられ、一番上は普通の文章、次は英文、最後は全部平仮名となっているよう。	『大地の母』下四四一頁 宮飼慶之「桑の葉の茂る頃」第三回（第六、七節）
五月二三日	▼「たてかへのいろは　あめつちひらくうふこゑに　ほえたけるゐやさりゆきぬ　われはすなおをむねとして　よのもろかみへそいません」を六月一日刊『敷島新報』第三二号に発表。	
五月三〇日	▼「たてかへのいろは　あめつちひらくうふこゑゆ　やみのゐせいはきえさりぬ　まへよおもしろてをしろてをとるぞ　すなほにかたれむねわけん」を六月二一日刊『敷島新報』第三四号に発表。	
五月末	八木から京都を経て岡山広島県と飛び回り、讃岐の金比羅へ参詣して大阪を経て帰綾する。	同上第四回（第一〇節）
六月六日	▼「あめつちひらくうふこゑゆ　やみのせいはきえさりぬ　まへよおもしろてをとるぞなにかたれむねわけん」という新作いろは歌を高田集蔵に披露。	高田集蔵「日記抄（一）」
六月一六日	▼『おほもとのをしへ』（非売品）を発行、本文二二頁。発行者は京都府何鹿郡綾部町三二番地 出口王仁三郎方 飯森正芳、印刷者は大阪市西区長堀南通三丁目五三加貫重一。	『敷島新報』第三五号、七月一日

六月	（図11） 横須賀再訪。	
同月	秋山真之は綾部に来て三日間修行をした。 「飯森は『坂の上の雲』の主人公、あの秋山真之を大本教に引っ張り込んだという曲者である。」 平山のいうことが実証できる史料は未見。	平山周吉「〝自由〟を思い続けた父子」
七月一日	同日刊『敷島新報』第三五号に飯森正芳『おほもとのをしへ』発行の広告が掲載。	
八月上旬	福島久子と昨年一一月から約一〇ヶ月処々を流浪した布教活動を終えて帰綾した。	『大地の母』下四六九頁
一〇月二日	父正則、病気で穴水尋常高等小学校長を退く。その後鳳至郡是蚕糸会社職工監督を務める。	『石川県鳳至郡誌』五三五頁／教育勅語に関する功労者表彰
一二月一〇日	浅野和三郎一家五人、綾部に入る。 その後、よく浅野、宮飼正慶と三人で一緒に酒を飲み、浅野と論争をする。	『神霊界』第四三号、一九一七年一月一日 宮飼慶之「桑の葉の茂る頃」第五回（第一四節）、第六回（第一五、一六節）

一九一七（大正六）年　三八歳

一月一日	大本機関誌『敷島新報』から『神霊界』改題、通巻号第四三号。本期に多くの人からの「謹賀新年」に掲載され、出口王仁三郎、梅田信之、浅野和三郎などとともに名がつらなっている。	『敷島新報』第四二号、一九一六年一二月一一日／『神霊界』第四三号
一月二二日	弟繁の長女正子（結婚後、姓は伊藤となる）が生まれる。	
二月二日	母上昄幽のため郷里能登に帰る。今回一時郷里に退居の事が決まった。綾部駅まで浅野和三郎と宮飼正慶が見送る。	『神霊界』第四五号、三月一日／『大地の母』下四〇三頁
二月二〇日	妻久子は家財をまとめて本宮山を引き払い、能登に帰った。	『神霊界』第四五号
六月一〇日	▼「高田集蔵」と題した一文を作って高田に送る。 当該文が高田文に引用されている。	高田集蔵「鳳遊記（新生会にて）」
七月一日	義勇飛行団創立委員として名を連ねている（一七名中の七番目）。	『神霊界』第四九号
一〇月二三日	▼宮崎虎之助亡妻光子（一九一五年一月二九日死去）を追悼する著文「神生の結晶」を『聖女光子之声』に発表。	

一〇月頃　岡田播陽を訪ねる。岡田文によると、その時、飯森は彼に「自分の理想の一郷を地上何れの処にか建てて見たいと思うのです。森——無人島——未開地、いずれへか、気の響く所、足の向く所へ行こうと思っています。或は日向の高千穂の峯へ行くかも知れません」と真面目に語った。そして、岡田は「武者小路氏今回の挙は飯森氏の如うな宗教的意味あるものでは無論ないが、其理想の一郷を日向に構築すると云ふ飯森氏の希望が、武者小路氏の希望と化って現れたのは、何かの因縁ではあるまいか。」と書いている。

岡田播陽「〃新しき村〃の真住民」、一九一八年一〇月三日執筆

一九一八（大正七）年　三九歳

一月二三日　父飯森正則の隠居により、家督相続届を出し、戸主となる。

一〇月一九日　▼宮崎虎之助亡母宮崎帝子（八月一一日卒）を追悼する著文「如来の體験者」を『宮崎帝子』に発表。

一一月六日　大本開祖出口なおが死去。出口なおは「落命の前日、他人を遠け、三女福島久子、星田えつ（悦）子、二人にだけ、後継者を飯盛（森の誤り）氏にすべきことを遺言した…」と説く人もいる。

『大本教の正体』二五四-二五五頁／『思想犯罪篇』四一〇頁

一九一九（大正八）年　四〇歳

一月二三日　▼三浦修吾の『教育者の生活と思想』のために短文を著し、中に「幸本日は父の満六十歳還暦の祝賀を催ふし、郷人七十余名集会せらるるを機とし、一同の前に『天職』朗読、。聊か私の所感をも開陳仕度考居り候。」と書いている。

三浦修吾（一八七五-一九二〇）は教育者、成蹊学園の機関誌『新時代』の編集主任を務め、「天職」は『新教育』一九一八年一月号に掲載されている。

二、三月　大本の出口王仁三郎のいわゆるご筆先のことなどで京都府警察本部から何回か喚問される。

四月　友人中村弥二郎は四男（第五子）が千葉県北条町（現館山市の一部）で生まれ、その子に飯森正芳の「正」をとって「正五」と名付けた。

中村弥二郎の次男（第三子）伯三によると、彼が両親、飯森正芳と四人で秩父を訪ねての酒宴中、飯森は「須奇起羅井虚無必然之自由」（好き嫌いは虚無必然之自由）という墨字を残した。

中村弥二郎（一八七三-一九四四）、号は有楽、京都出身。一八八七年便利堂を開業、

『思想犯罪篇』四四〇頁

中村伯三「飯森正芳という快男児」

	一八九七年内村鑑三『後世への最大遺物』を出版。一九〇三年東京で有楽社を創設、『英文少年少女』（のちに『英学界』に改名）『手紙雑誌』『東京パック』『グラヒック』など多くの雑誌を発刊。同社は一九〇六年成立した日本エスペラントの事務所を提供した。一九一二年有楽社は倒産。その後も宮崎虎之助の著書などの出版に関わる。北大路魯山人と星岡茶寮を催す中村竹四郎（一八九〇－一九六〇）はその実弟である。	
八月三一日	▼一月二三日書いた短文を三浦修吾著『教育者の生活と思想』の「あとがき」の一部として発表。	
秋	東京から京都へ移り住む。住所は下鴨神社の近く。京都大学に入学した木原鉄之助はここで寝起きしている。 木原鉄之助、一八九七年愛媛生まれ、六高を出て一九一九年九月京都大学入学、一九二三年三月卒業、弁護士。父親は熱心な大本信者。 木原によれば、飯森家は多くの人が集まる「梁山泊」のようで、それに豪放磊落な主婦もいた。 この主婦は春枝であろう。春枝（はるゑ）は一八九九年五月一一日、鳳至郡輪島町字鳳至町鳳至丁九六番地で北濱幸太郎の次女として生まれ、一九〇三年九月二六日中門久四郎の養子となった。飯森と春枝の出会いはその頃の京都であるが、春枝が飯森の戸籍上の妻となったのは三〇年後になる。『大地の母』では「噂では、久子が体が弱いので、飯森は京都で愛人を囲っているという」と書いてある。この愛人は春枝をさすのであろう。ただ時期的には飯森が大本にいる一九一六年前後に早まることになる。	宮飼陶羊「綾部生活の思い出」／木原鉄之助「西田先生」 木原鉄之助「西田先生」 『大地の母』下四四三頁
一二月	エロシェンコが東京から関西に旅行、京都では飯森家に泊まっていた。 エロシェンコ（一八九〇－一九五二）はロシアの盲目詩人、エスペランティスト。一九一四年五月来日、一九一六年七月から三年間南ア諸国を周遊したのち再び来日、一九二一年六月強制退去されるまで計四年余り日本に滞在した。その後中国の哈爾賓、上海、北京などで二年半滞在した。日本と中国で多くの詩や童話を創作した。	エロシェンコ年譜／木原鉄之助「西田先生」
同年	暁烏敏と交流する。『暁烏敏日記』の一九一九年の住所人名録欄に「飯森正芳　東京府豊多摩郡戸塚町字下戸塚五七一」と書かれている。 暁烏敏（一八七七－一九五四）石川出身。真宗大谷派の僧侶、宗教家である。同じ石川出身の藤原鉄乗、高光大船と合わせて「加賀の三羽烏」と呼ばれる。	『暁烏敏日記』下五七八頁

一九二〇（大正九）年　四一歳

秋頃	東京に移った。高田集蔵と離婚した九津見房子がやってきて飯森の三間の家（借家）の一間を使うようになる。しばらくして、娘の一燈子と慈雨子もここに来て同居する。ここには本願寺改革派の暁烏敏、藤原鉄乗、高光大船、そして高津正道、石川暁星などがよく出入し、泊まったりする。エロシェンコもここに泊まったことがある。 　九津見房子（一八九〇－一九八〇）は社会運動家、社会主義者。日本最初の社会主義女性団体「赤瀾会」の創設者の一人。	『九津見房子の暦』三二－三三頁／『母と私』一〇六－一〇七頁
一〇月三〇日	父正則ほか四名、石川県教育勅語御煥発三十年記念式にて教育勅語に関する功労者として表彰される。	教育勅語に関する功労者表彰
一二月二四日	▼「進まんかな 進まんかな」を執筆、一九二一年一月刊『異邦人』第二巻第一号に掲載。	
同年か	▼「失業者の歌」を執筆、未完成。『大正日日新聞』の原稿用紙を使用。（図12） 　当新聞は一九一九年一一月大阪で創設。一九二〇年八月大本に買収され、同年九月二五日に『大正日日新聞』復刊第一号が発行。飯森正芳はその編集顧問であるよう。社長は浅野和三郎。浅野の兄正恭海軍中将、秋山真行中将も編集顧問に名を連ねている。	『広島古代史の謎』二二〇頁
同年	「飯森は大本入信前キリスト教の洗礼を受け、トルストイに心酔していた。大正九年か十年ころ東京にでて、大杉栄・堺利彦その他の無政府主義者・社会主義者とも交わり、約三年間上海にのがれ、帰国後「赤化中佐」として騒がしたこともあった」 　大杉栄（一八八五－一九二三）は明治・大正期における日本の代表的なアナキストである。社会運動家であり作家である。関東大震災直後、憲兵隊司令部で殺害された。	『大本七十年史』上巻三六〇－三六一頁

一九二一（大正一〇）年　四二歳

一月一七日	▼「進まんかな」を『異邦人』第二巻第一号に発表。（図13）	
春	友人中村弥二郎一家と千葉県館山市の写真館で真撮影。（図14）	中村伯三「飯森正芳という快男児」
初夏	上海に渡る。上海にいる間、内務省に要注意人として監視されている。外務省文書によると「恩給年金を日本にいる妻子の生活費にして自身は当地で週刊新聞を発行している中春社で書記を務め月俸二五元をもらっているほかいろいろな雑種入で生活している。」	外務省・機密第一三三号、一〇月一四日（図15）

	「申春社」は「春申社」の誤り。ただ、当時は春申社を申春社と誤称した例はけっこうあった。「飯森正芳」を「飯盛正芳」と間違えたこともある。春申社は一九一三年、佐原篤助らによって上海で創設され、『上海』という邦字週報を発行した。一九一六年から一九二八年まで、西本省三が社長兼主筆を勤めた。	
六月二八日	▼「♀」を執筆、約千五百字、文末に「於上海 正芳」と書いてある。 この文章は軍か警察当局に押収された。	中第一〇七三号「飯森中佐の行動に関する件」一九二二年三月一四日
一〇月七日	エロシェンコが上海に到着。彼とはよく交際している。	外務省・機密第一三三号／同第一四二号、一〇月二一日／『外事警察報』第八号、一二月／エロシェンコ「落葉物語」
一二月一九日	四川路青年会講堂にてエスペラント学会歌舞会で、エロシェンコはロシア民謡を歌い、清水（一衛）と剣舞をした。	『民国日報』一二月一五日
同年	上海で清水一衛と、「日本共産党上海支部」を設立するよう。 清水一衛は山梨出身、一九二二年七月、上海から北京へ、エロシェンコに同行してエスペラント世界大会に参加するためにヘルシンキに向かったが、途中の大連で拘束されたのち、一人で旅路途中のチタでスパイ嫌疑により銃殺された。またモスクワで殺されたともいわれる。	間庭末吉書簡
	上海滞在中、『上海ライフ』社長露人シェミシコ、「エスペラント学校」、施存統の「上海青年団」、陳独秀の「上海共産党」、『民国日報』、『時事新刊』（時事新報の誤りか）などの雑誌及びその幹部たちと深交あり。 上海での飯森と共産党との関係について、某『霊界物語』の読書会でも言及されている。それは作中の「守宮（たもり）別」、に関する歌を解読する際に、「この人物は当時「赤化中佐」として一部で報道されていた飯森正芳（海軍予備機関中佐）がモデルです。この歌はほぼ事実関係のとおりで、彼は上海にまで足を伸ばし、ロシア共産党との関係を疑われ帰国と同時に一時官憲の取り調べを受けています。」	『読売新聞』一九二二年三月一六日「昨日疑議の末 刑事八方に飛ぶ 赤化中佐の事件」とよたま愛読会五一回記

一九二二（大正一一）年　四三歳

一月一五日	午後二時、南京路新世界向側寧波同郷会五階でカール・リーブクニヒト逝去三周年記念式	『外事警察報』第一一号、三月

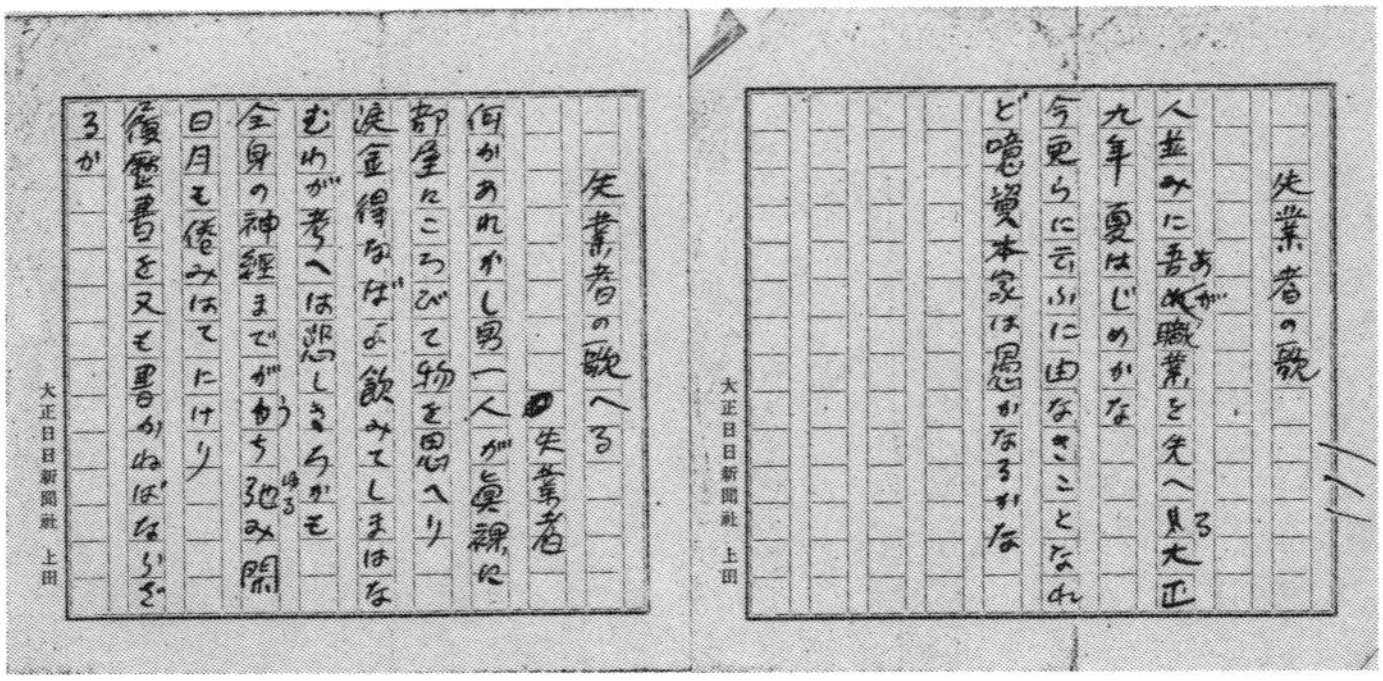

失業者の歌

人並みに吾が職業を失へる大正九年夏はじめかな

今更らに云ふに由なきことなれど噫資本家は愚かなるかな

大正日日新聞社　上田

失業者の歌へる

失業者

何かあれかし男一人が裸体に部屋にころびて物を思へり

涙金得なばよ飲みてしまはなむめが考へは恐しきらかも

全身の神經までがゆるみ開

日月も倦みはてたけり

履歴書を又も書かねばならざるか

大正日日新聞社　上田

図12　飯森正芳著「失業者の歌」原稿、1920年執筆か

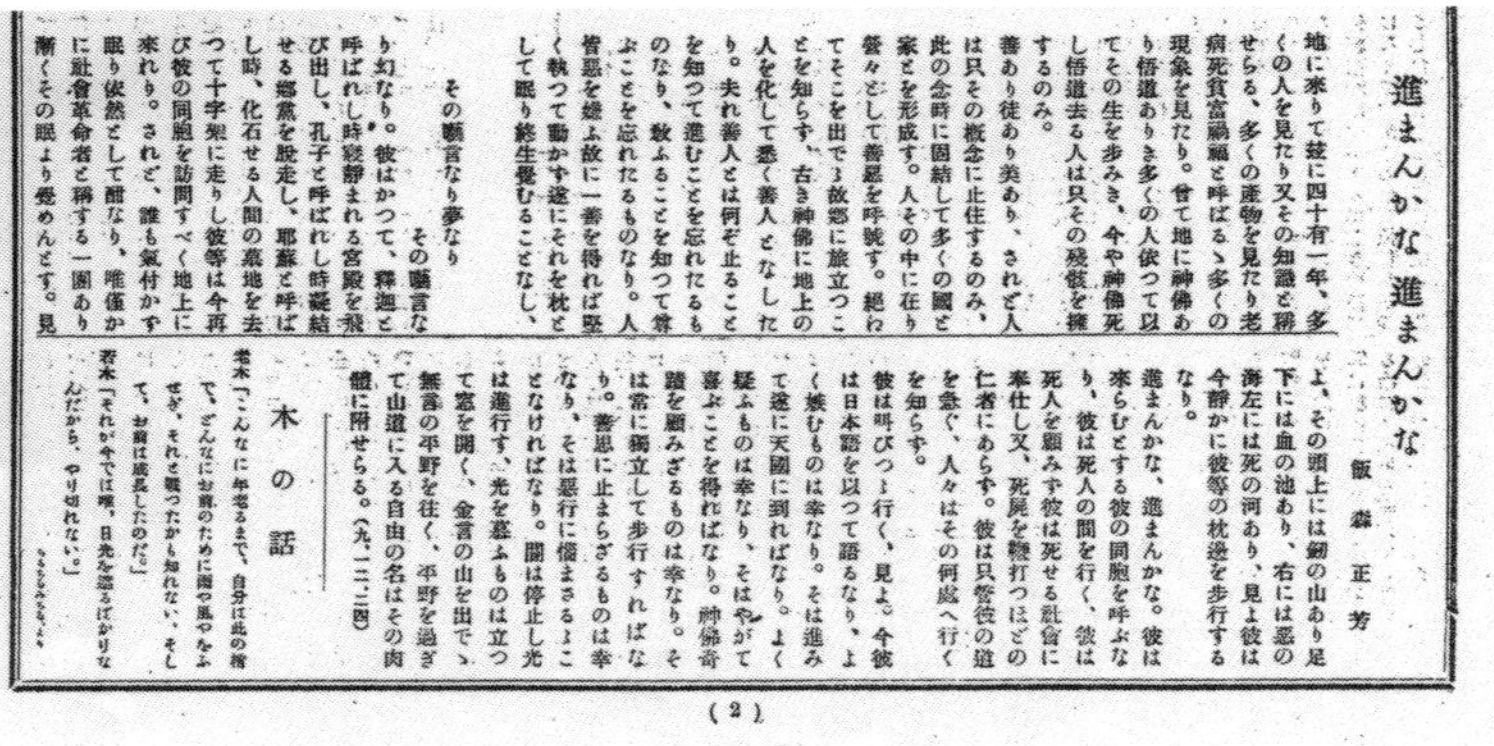

進まんかな進まんかな

飯森正芳

地に来りて茲に四十有一年、多くの人を見たり又その知識と稱せらる、多くの產物を見たり老病死貧富禍福と呼ばるゝ多くの現象を見たり。曾て地に神佛あり悟道ありき多くの人依つて以てその生を歩みき、今や神佛死し悟道去る人は只その殘骸を擁するのみ。

善あり徒あり美あり、されど人は只その概念に止住するのみ、此の念時に固結して多くの國と家とを形成す。人その中に在り營々として善惡を呼號す。絶ねてそこを出でゝ故郷に旅立つことを知らず、古き神佛に地上の人を化して悉く善人となしたり。夫れ善人とは何ぞ止ることを知つて進むことを忘れたるものなり、數ふることを知つて喜ぶことを忘れたるものなり。人皆惡を嫌ふ故に一善を得れば堅く執つて動かず遂にそれを枕として眠り終生覺むることなし、

その囈言なり夢なり

その囈言なり幻なり。彼はかつて、釋迦と呼ばれし時寂靜まれる宮殿を飛び出し、孔子と呼ばれし時凝結せる郷黨を脫走し、耶蘇と呼ばれし時、化石せる人間の墓地を去つて十字架に走りし彼等は今再び彼の同胞を訪問すべく地上に來れり。されど、誰も氣付かず眠り依然として酣なり、唯僅かに社會革命者と稱する一團あり漸くその眠より覺めんとす。見よ、その頭上には劒の山あり足下には血の池あり、右には惡の海左には死の河あり、見よ彼は今靜かに彼等の枕邊を歩行するなり。

進まんかな、進まんかな。彼は來らむとする彼の同胞を呼ぶなり、彼は死人の間を行く、彼は死人を顧みず彼は死せる社會に奉仕し又、死屍を鞭打つほどの仁者にあらず。彼は只管彼の道を急ぐ、人々はその何處へ行くを知らず。

彼は叫びつゝ行く、見よ。今彼は日本語を以つて語るなり、よく嫉むものは幸なり。それは進みて遂に天國に到ればなり。よく疑ふものは幸なり、そはやがて喜ぶことを得ればなり。神佛奇蹟を顧みざるものは幸なり。そは常に獨立して歩行すればなり。善惡に止まらざるものは幸なり、そは惡行に惱まさるゝことなければなり。闇は停止し光は進行す、光を慕ふものは立つて窓を開く、金言の山を出でゝ無善の平野を往く、平野を過ぎて山道に入る自由の名はその肉體に附せらる。（九、一二、二四）

木の話

老木「こんなに年老るまで、自分は此の權で、どんなにお前のために雨や風やをふせぎ、それと戰つたかも知れない、そして、お前は成長したのだ。」

若木「それが今では唯、日光を遮るばかりなんだから、やり切れない。」

金澤市長柄町四十四番地ノ二　示野吉三郎

（2）

図13　飯森正芳著「進まんかな 進まんかな」『異邦人』第1巻第1号、1921年1月17日

図14　飯森正芳（左端）と中村弥二郎（右端）一家、前列中は三男日出男、後列左より長男英一、長女文子、次男伯三、於千葉県館山、1921春、中村伯三「飯森正芳という快男児」より

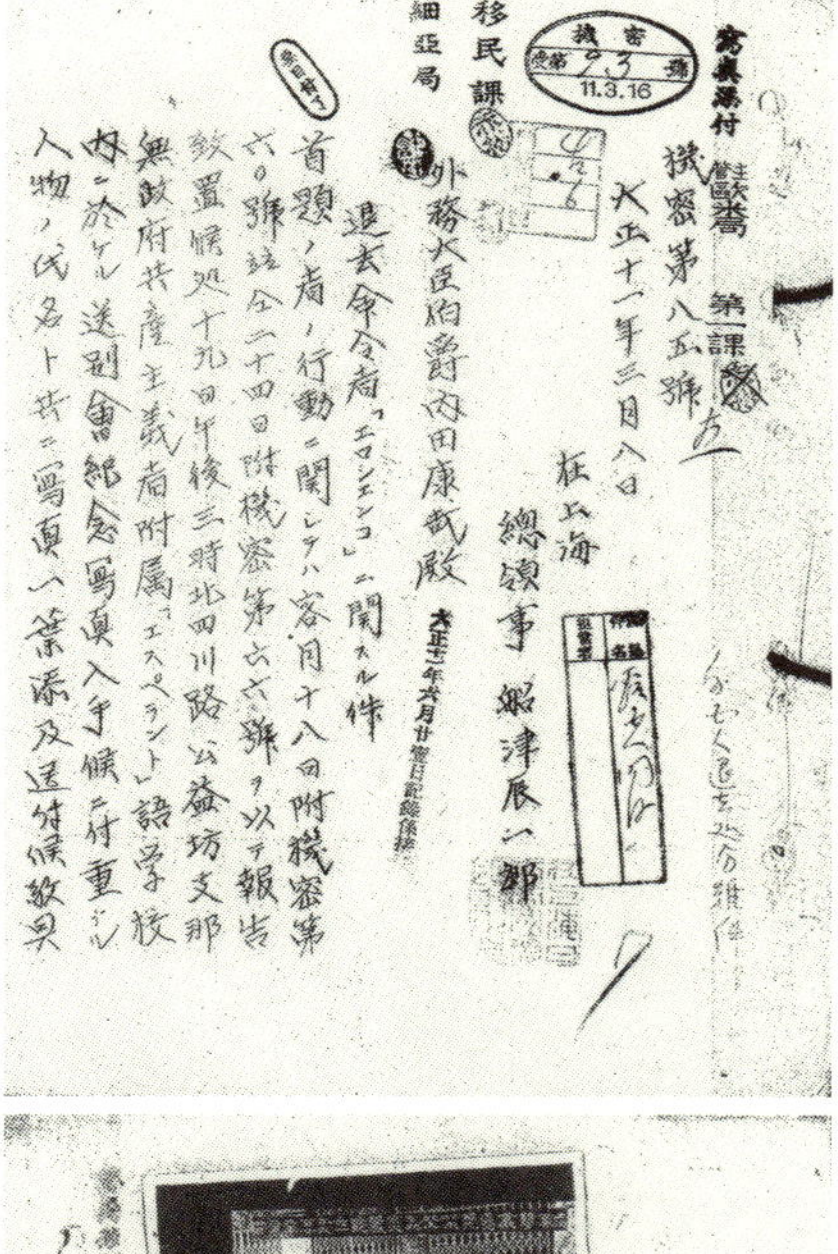

機密第八五號
大正十一年三月八日
在上海
總領事 船津辰一郎
外務大臣伯爵内田康哉殿
退去命令者「エロシエンコ」ニ関スル件
首題ノ者ノ行動ニ関シテハ客月十八日附機密第六〇號並ニ仝二十四日附機密第六六號ヲ以テ報告致置候處十九日午後三時北四川路公益坊支那無政府共産主義者附属「エスペラント」語学校内ニ於ケル送別會記念写真入手候ニ付重ナル人物ノ氏名ト共ニ写真一葉添及送付候敬具

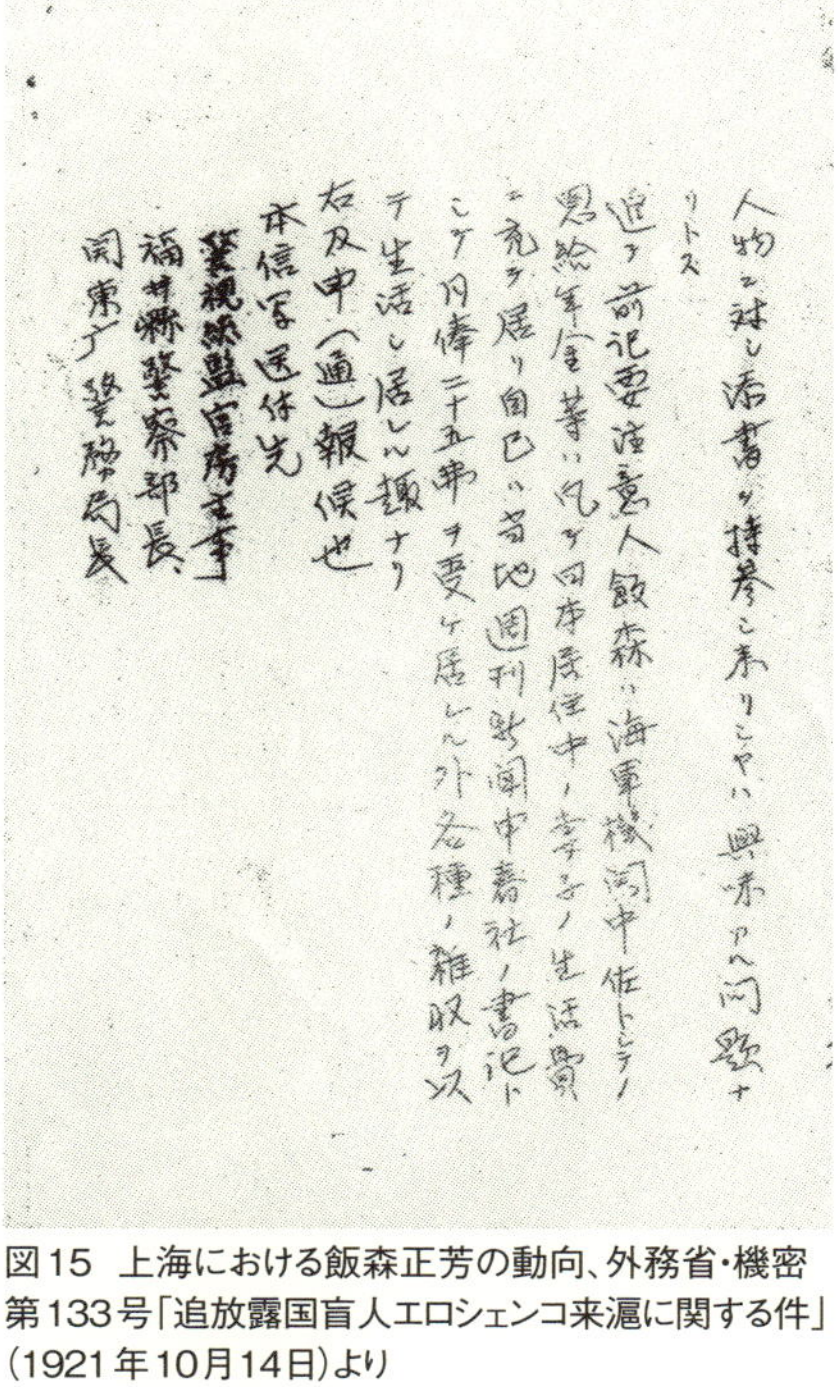

人物ニ対シ添書ヲ持参シ来リシヤハ興味アル問題ナリトス
追テ前記要注意人飯森ハ海軍機関中佐トシテノ恩給年金等ハ凡テ日本居住中ノ妻子ノ生活費ニ充テ居リ自己ハ当地週刊新聞中[illegible]社ノ書記トシテ月俸二十五弗ヲ受ケ居ル外各種ノ雑収ヲ以テ生活シ居ル趣ナリ
右及申(通)報候也
本信写送付先
警視総監 官房主事
福井縣警察部長
関東庁警務局長

図15　上海における飯森正芳の動向、外務省・機密第133号「追放露国盲人エロシェンコ来滬に関する件」(1921年10月14日)より

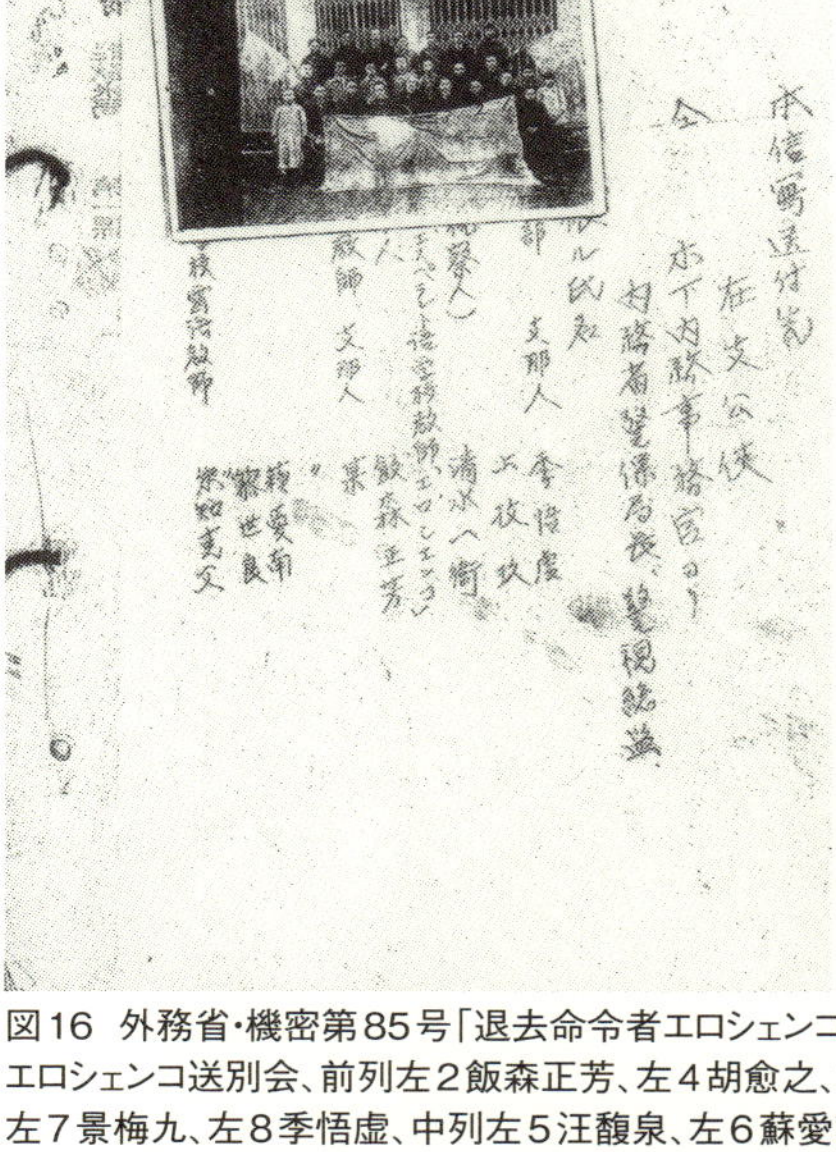

本信写送付先
在支公使
警視総監

図16　外務省・機密第85号「退去命令者エロシェンコに関する件」(1922年3月8日)及び添付写真
エロシェンコ送別会、前列左2飯森正芳、左4胡愈之、左5エロシェンコ、左6清水一衛、
左7景梅九、左8季悟虚、中列左5汪馥泉、左6蘇愛南、左7黎世良、後列左3朱知克夫、
於上海市北四川路公益坊のエスペラント語学校(写真中の番号は無視)

	が開催され、参集者約二五〇名、大半は中国人で、朝鮮人約二〇名、日本人は飯森、高橋など四名。	
二月一四日	▼「太陽下の悪魔」を執筆、約千五百字、文末に「於上海　正芳」と書いてある。 この文章は軍か警察当局に押収された。	中第一〇七三号「飯森中佐の行動に関する件」三月一四日
二月一九日	午後三時、北四川路公益坊のエスペラント語学校で開催された北京大学に赴任するエロシェンコの送別会に参加、参加者は五〇余人、中国人は胡愈之、蘇愛南、汪馥泉、景梅九、黎世良など、日本人は清水一衛、大石士龍ら四人。記念撮影した。開催日は、写真中の横断幕には「二月二〇日」と、『外事警察報』では「二月一八日」となっている。 胡愈之（一八九六–一九八六）は一九二〇年代上海商務印書館で編集者を務め、文筆に従事、エスペラント運動に積極的に参加。新中国成立後、出版総署署長、『光明日報』編集長、中国文字改革委員会副主任、文化部副部長を歴任。	外務省・機密第六六号、二月二四日と第八五号、三月八日（図16）／『外事警察報』第一二号、四月
二月二二日	駅まで清水一衛らと北京へ行くエロシェンコを見送る。	『民国日報』二月一七日／外務省・機密第六六号と第八五号／『外事警察報』第一二号、四月
三月七日	春枝、清水一衛と上海で船に乗り、長崎、神戸を経由して横浜入港のゴレア丸を下り、所謂危険思想家と視されたが故、午後八時、春枝と東京行の京浜省線電車に乗る時に、横浜まで出張してきた警視庁高等係及び神戸水上署の刑事に尾行され、品川駅で下車を求められ、警視庁に連行された。翌日午後一時まで馬場刑事部長、大久保特別高等課長により取り調べを受け、その際、一万円の所持を発見され、そのほか、長崎では春枝の腰巻に隠された約三百行の赤化宣伝文が押収されたという。一方、清水一衛は神戸で下船してから姿を晦まして陸路上京したようで、そして五月に再び上海へ。 上海からP・O汽船に乗って日本に戻ったという報告がある。	『読売新聞』三月九日「一万円所持の赤化中佐は暁民会と親交　美人の肌に付けた宣伝文は警保局へ」 中第一九四七号「要注意者所在発見に関する件」五月二〇日
三月中旬頃	内縁の妻（春枝）と共に東京府下戸塚町字源兵衛六〇二番地敷島館に月額五〇円の下宿生活。	『外事警察報』第六号、八月 中第一〇七三号「飯森中佐正芳の行動に関する件」
三月一六日	秋田雨雀を春枝と訪ねる。「とんだ災難にあったそうだ。なんでもないらしい。共産主義らしい思想をもっているだけで、なんら直接的な仕事をしている人じゃないようだ。」と秋田が記している。 秋田雨雀（一八八三–一九六二）作家、エスペランティスト、社会運動家。	『秋田雨雀日記』第一巻二八一頁
七月上旬	居はすでに東京府北豊島郡板橋町字金井窪六九に移った。思想要注意人とされる。内縁の妻中門春枝と共に主義の研究に没頭。「宣言」（一九一三年五月二四日執筆）を上梓し、全	中第二五三七号「予備役海軍機関中佐飯森正芳の行動に関する件」

国の同志に配布する準備中。思想要注意人佐藤八十亀ほか盲人某などが頻繁に訪問してきて極秘裏に何事か相談している。

七月二〇日　板橋駅前高木運送店で荷物を託送する。

七月一〇日（図17）　中第二七一六号「飯森海軍機関中

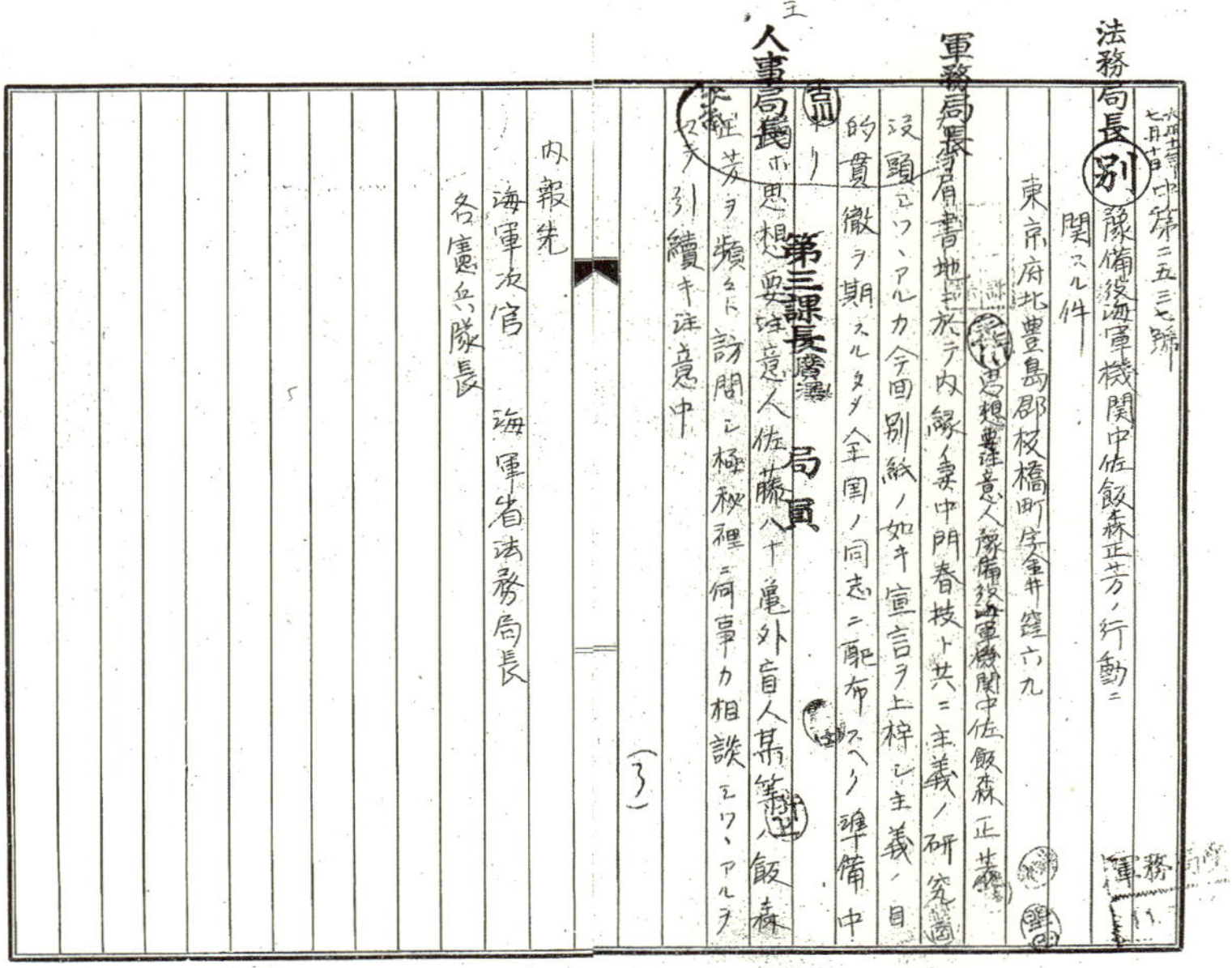

大正十一年七月十日 中第二五三七號

法務局長　別　予備役海軍機関中佐飯森正芳ノ行動ニ関スル件

軍務局長　人事局長　第三課長　局員

東京府北豊島郡板橋町字金井窪六九
思想要注意人予備役海軍機関中佐飯森正芳
右者当地ニ於テ内縁ノ妻中門春枝ト共ニ主義ノ研究ニ没頭シツヽアルカ今回別紙ノ如キ宣言ヲ上梓シ主義ノ目的貫徹ヲ期スルタメ全国ノ同志ニ配布スヘク準備中
思想要注意人佐藤八十亀外盲人某等ハ飯森正芳ヲ頻々ト訪問シ極秘裡ニ何事カ相談シツヽアルヲ以テ引續キ注意中

内報先
海軍次官　海軍省法務局長
各憲兵隊長

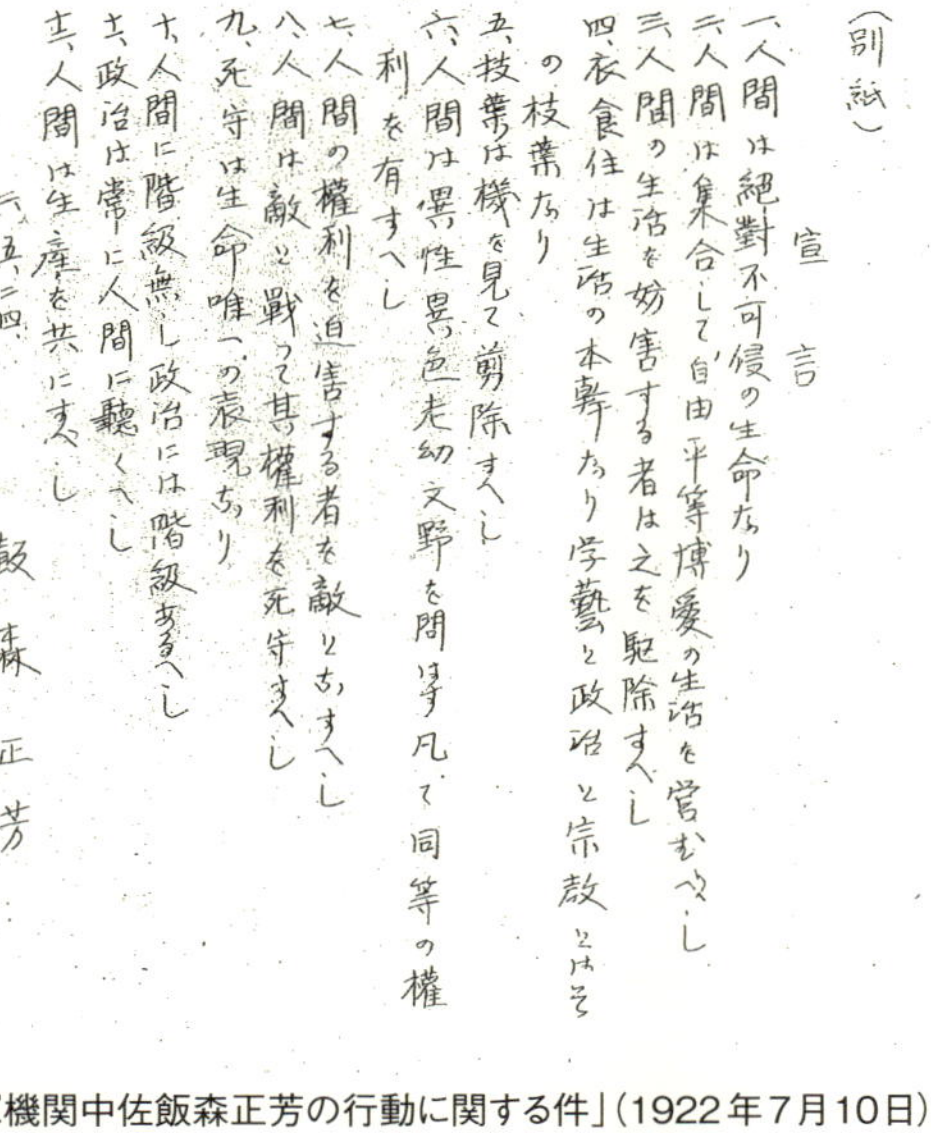

（別紙）

宣言

一、人間は絶対不可侵の生命なり
二、人間は集合して自由平等博愛の生活を営むべし
三、人間の生活を妨害する者は之を駆除すべし
四、衣食住は生活の本幹なり学藝と政治と宗教とはその枝葉なり
五、技藝は機を見て剪除すべし
六、人間は異性異色老幼文野を問はず凡て同等の権利を有すべし
七、人間の権利を迫害する者を敵となすべし
八、人間は敵と戦って其権利を死守すべし
九、死守は生命唯一の表現なり
十、人間に階級無し政治には階級あるべし
十一、政治は常に人間に聴くべし
十二、人間は生産を共にすべし

十一、五、二四、

飯森正芳

図17　中第2537号「予備役海軍機関中佐飯森正芳の行動に関する件」（1922年7月10日）及び添付文章、飯森正芳「宣言」

		佐の行動に関する件」七月二七日（図18）
七月二二日	午前一一時に荷物は横浜市弁天通り槌勝運送店に到着。	同上
七月二三日	午前一一時に荷物を取る。内縁の妻中門春枝と、横浜市販町一丁目四番地在住社会主義者山本泰一（歯科医）の家に泊まる。	同上
七月二五日	午前一〇時に横浜から内縁の妻中門春枝と共に日本郵船会社所属加賀丸三等船客に乗って上海に渡航。その時所持した荷物は厳重検査を受けて詳細なリストが作られた。リストには、大杉栄「革命家の思い出」、生田長江「ツァラトゥストラ」、「大本教の本体」、「社会主義の行動」、「前衛」「熱風」「社会主義研究」「前進」「社会問題研究」「労働問題」及びエスペラント関係の雑誌、「比較宗教学」などの書籍、それに清水一衛の洋服三着及び衣類二枚も記されている。さらに飯森が書いた「宣言」を印刷したもの一五〇部も入っている。	同上
七月末	上海に到着。上海滞在中の旧知の山鹿泰治はロシアに行こうとしたが資金がなく困っているところ、新聞で飯森正芳が日本から上海に戻ってくるのを知り、特高に尾行されていた飯森と何とか連絡を取れていくらかの資金援助をしてもらった。 　山鹿泰治（一八九二-一九七〇）、京都出身。アナキスト、エスペランティスト。	山鹿泰治「無政府主義修業」第一四回／『山鹿泰治』七八-七九頁
年末	上海に来た大杉栄と一夜大論議をやった。飯森の、軍隊は命令服従なしには絶対に成立しないと頑張るのに対し大杉は日本で革命が起こったらアナキストは直ちに武装しなくてはならぬ、一聯隊位の兵を反逆させることは週番士官さえ利用したら容易なことだ、しかし全く命令不要だと主張する。 「大杉栄のフランス密航に何がしかの手助けをしたそうであった。」	山鹿泰治「無政府主義修業」第四回 寺島珠雄「おもしろがり屋報告（三）」

一九二三（大正一二）年　四四歳

一月三一日	午後三時、エロシェンコは上海北站に到着、春枝と迎えに行き、エロシェンコをフランス租界霞飛路宝康里六一号の自宅に住ませた。依然として「思想要注意人」とされている。	『民国日報』二月一日／外務省・機密第二九号、二月四日
二月四日	日曜、呉朗西と呉克剛が来訪、エロシェンコとも交流。 　呉朗西（一九〇四-一九九二）は中国の出版人、翻訳家。一九二五年一〇月来日、上智大学でドイツ文学を学び、一九三一年九月満州事変で学業を放棄して帰国。一九三五年上海で文化生活出版社を創設、巴金を編集長として迎え、自ら社長を務	呉朗西「飯森正芳先生を憶う」

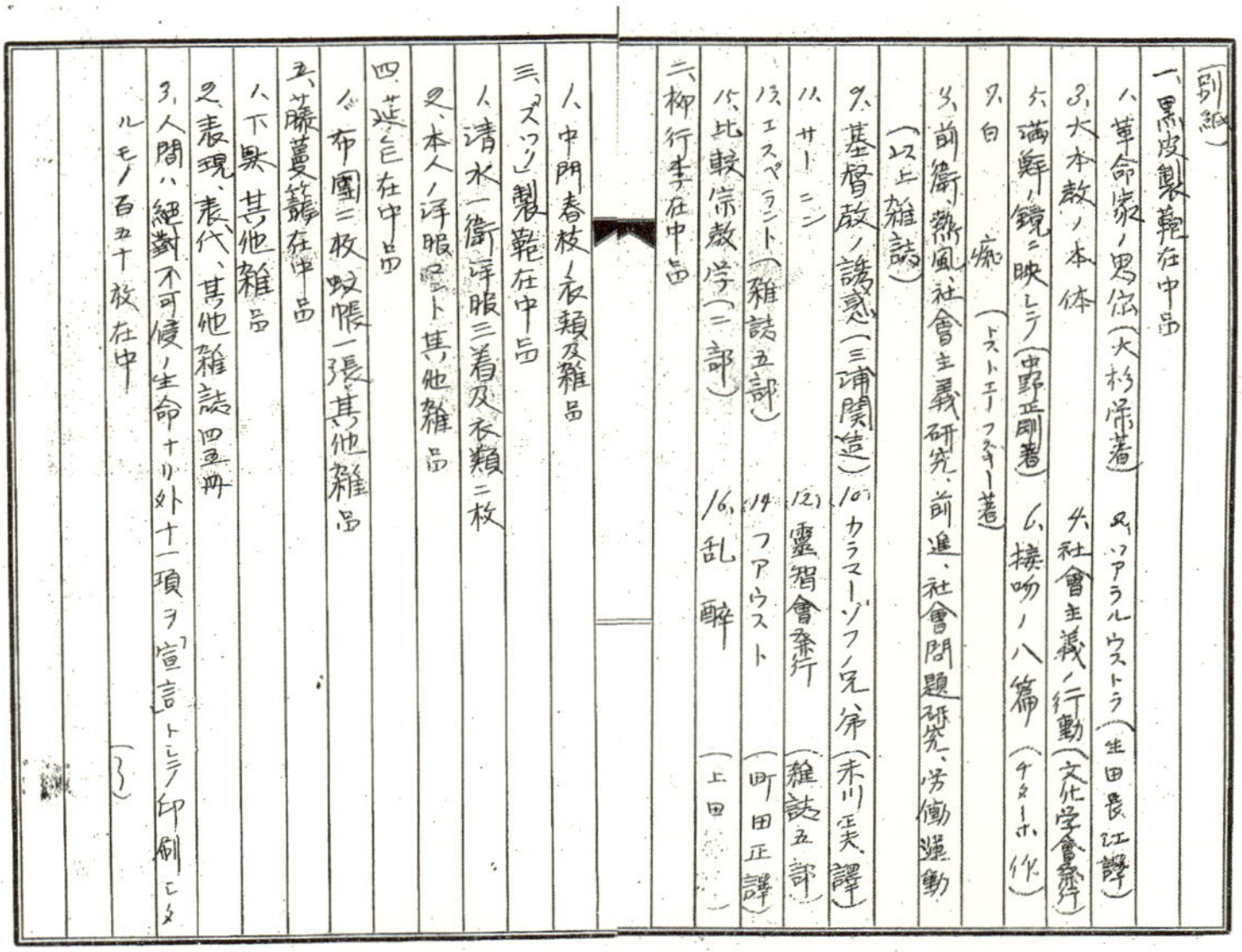

（別紙）

一、黒皮製鞄在中品

1、革命家ノ思出（大杉栄著）　2、ツアラトウストラ（生田長江譯）

3、大本教ノ本体　4、社會主義ノ行動（文化学會発行）

5、満鮮ノ鏡ニ映シテ（中野正剛著）　6、接吻ノ八篇（チターホ作）

7、白痴（ドストエーフスキー著）

8、前衛、熱風、社會主義研究、前進、社會問題研究、労働運動

（以上雑誌）

9、基督教ノ誘惑（三浦関造）　10、カラマーゾフノ兄弟（米川正夫譯）

11、サーニン　12、霊智會発行（雑誌五部）

13、エスペラント（雑誌五部）　14、ファウスト（町田正譯）

15、比較宗教学（二部）　16、乱酔（上田…）

二、柳行李在中品

1、中門春枝ノ衣類及雑品

三、「ズック」製鞄在中品

1、清水一衛洋服三着及衣類二枚

2、本人ノ洋服ト其他雑品

四、莚包在中品

1、布團二枚蚊帳一張其他雑品

五、藤蔓籠在中品

1、下駄其他雑品

2、表現、表代、其他雑誌四五冊

3、人間ハ絶對不可侵ノ生命ナリ外十一項ヲ宣言トシテ印刷シタルモノ百五十枚在中

（了）

図18　飯森正芳が横浜で上海に渡航する前に厳重検査を受け、
そのときに作られた所持品及び荷物リスト、中第2716号「飯森海軍機関中佐の行動に関する件」
（1922年7月27日）、「在郷軍人会に関する件（8）」より

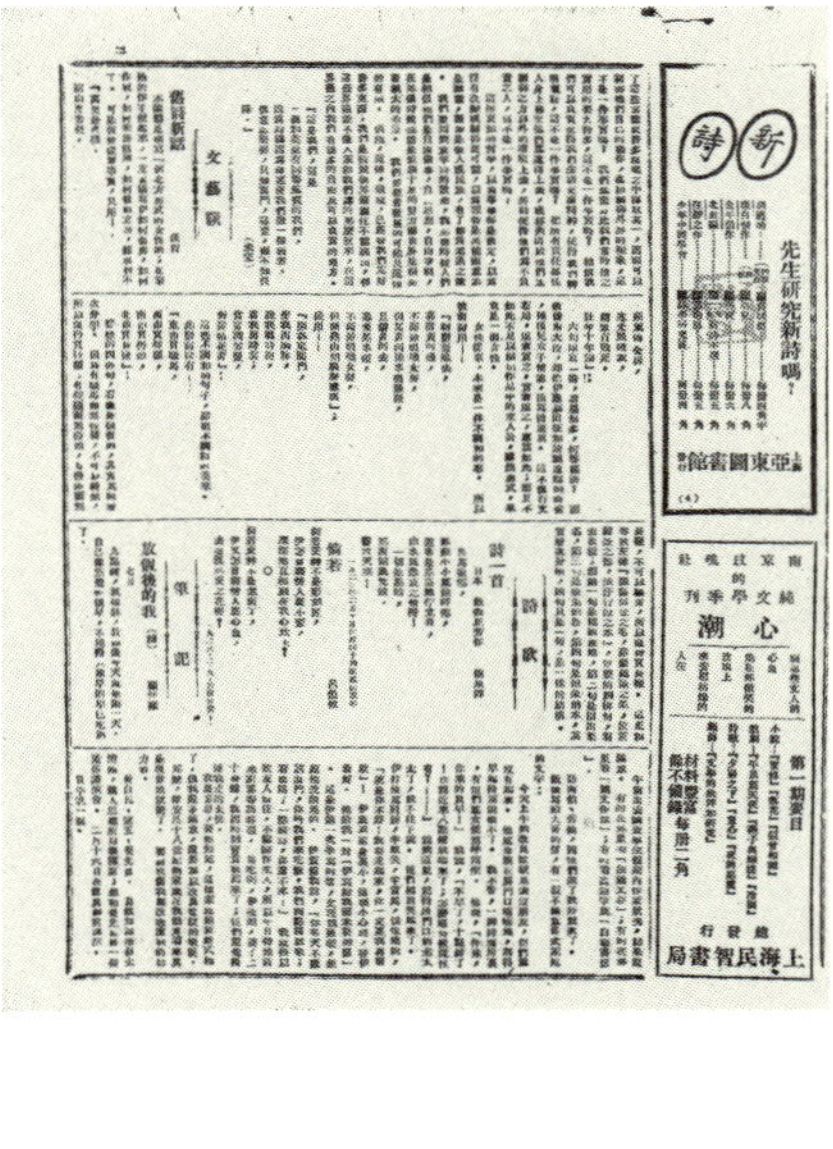

図19　飯森正芳著「詩一首」、馥泉訳
上海『民国日報』副刊『覚悟』1923年2月20日

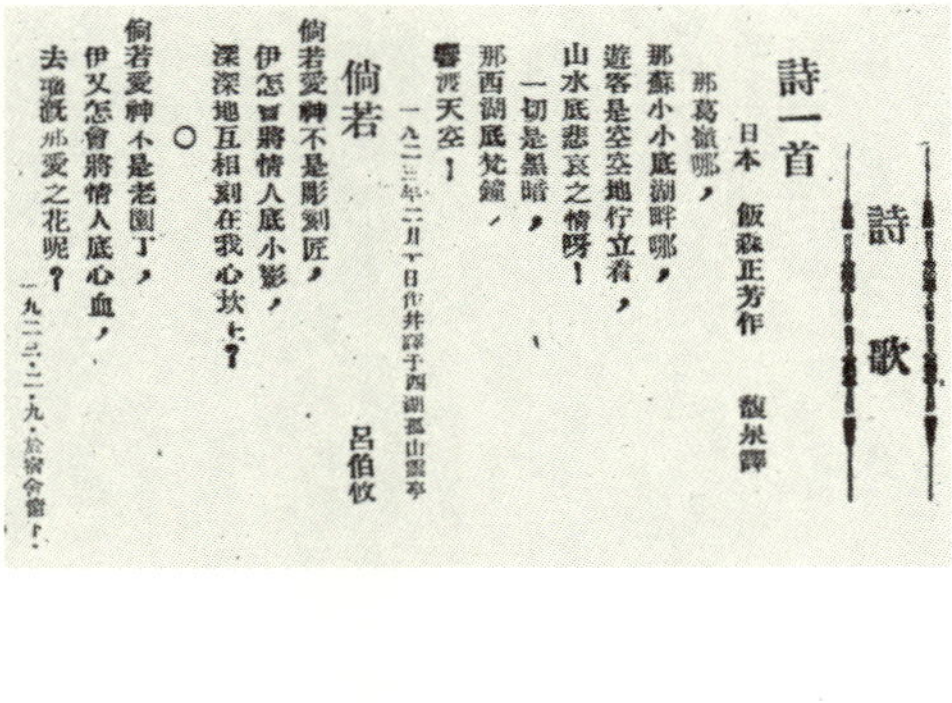

詩歌

詩一首

日本　飯森正芳作　馥泉譯

那葛嶺哪，
那蘇小小底湖畔哪，
遊客是空空地行立着，
山水底悲哀之情呀！
一切是黑暗，
那西湖底梵鐘，
響徹天空！

一九二三年二月十日作并譯于西湖孤山雲亭

倘若

呂伯攸

倘若愛神不是彫刻匠，
伊怎會將情人底小影，
深深地互相刻在我心坎上？

○

倘若愛神不是老園丁，
伊又怎會將情人底心血，
去澆溉那愛之花呢？

一九二三．二．九．於寄命室

	め、当社は一九五四年国営出版社に吸収合併されるまで多くの出版物を刊行した。	
二月六日	午後二時、春枝らとエロシェンコに付き添って杭州へ、杭州では日本領事館近くの西湖旅館に泊まる。	『民国日報』二月二五日／外務省・機密第五〇号、二月二六日
二月一〇日	▼西湖孤山雲亭で「詩一首」を創作した。	
二月一七日	陰暦一月二日、一行は杭州から上海に戻る。	同上
二月二〇日	▼二月一〇日著「詩一首」は馥泉（汪馥泉）によって中訳されて『民国日報』副刊『覚悟』に発表。（図19） 那葛嶺哪、那蘇小小底湖畔哪、游客是空空地儜立着、山水底悲哀之情呀！一切是黒暗、那西湖底梵鐘、響渡天空！	
二月二六日	午前九時半、駅まで春枝らと北京に行くエロシェンコを見送る。	外務省・機密第五〇号
年末頃	春枝と日本に帰る。	

一九二四（大正一三）年　四五歳

七月	辻潤が住む松竹撮影所の裏の長屋（東京市外蒲田新宿三一二番地）によく行く。卜部哲次郎、荒川畔村、平林たい子、室伏高信、百瀬二郎、村松正俊、鴇田英太郎、宮川曼魚などもここによく出入りしている。ここは本来、津田光造の住まいである。 辻潤（一八八四－一九四四）はダダイスト、翻訳家。餓死した。 津田光造（一八八九－？）は文筆家。『月刊日本』などの雑誌を編集。二番目の妻は辻潤の妹である。	『辻潤への愛』五九－六〇頁／『放浪のダダイスト辻潤』二〇四頁

一九二五（大正一四）年　四六歳

一〇月	呉朗西が来日、真っ先に大阪の飯森家を訪ねる。飯森は呉を家に泊まらせ、大阪見学に連れてまわった。三日後、呉に付き添って東京へ、大岡山にある知人荻さんに紹介してそこに下宿させてもらった。四日後、辻潤と秋田雨雀を連れて呉の下宿を訪れ、呉は中華料理を作って招待した。席上、辻が尺八を吹き、漢詩「我酔欲眠君且去、君如有意明日抱琴来」を吟じた。	呉朗西「飯森正芳先生を憶う」
一一月三日	世界詩人の会が終わってから秋田雨雀、石川暁星と「竹葉」で夕食、その後、三人で銀座から日本橋のほうまで歩いた。	『秋田雨雀日記』第一巻四〇〇頁

一一月五日	午後、鷹取と秋田雨雀家に遊びに行き、鷹取とともに「十月の錯覚」を激賞した。三人で夕方まで会談。夕食をともにした。 「十月の錯覚」は秋田雨雀が書いた戯曲、『早稲田文学』二三八号（一九二五年一一月刊）に発表されている。	同上
一二月二三日	住所は大阪市東成区布施腹見町四六三となる。父正則の住所は大阪市西区北堀江上通三丁目辻の星田悦子方となる。 それ以降、父子二人は頻繁に通信往来をする。書簡には正則は屢々「凌天雲美」と	飯森正則書簡

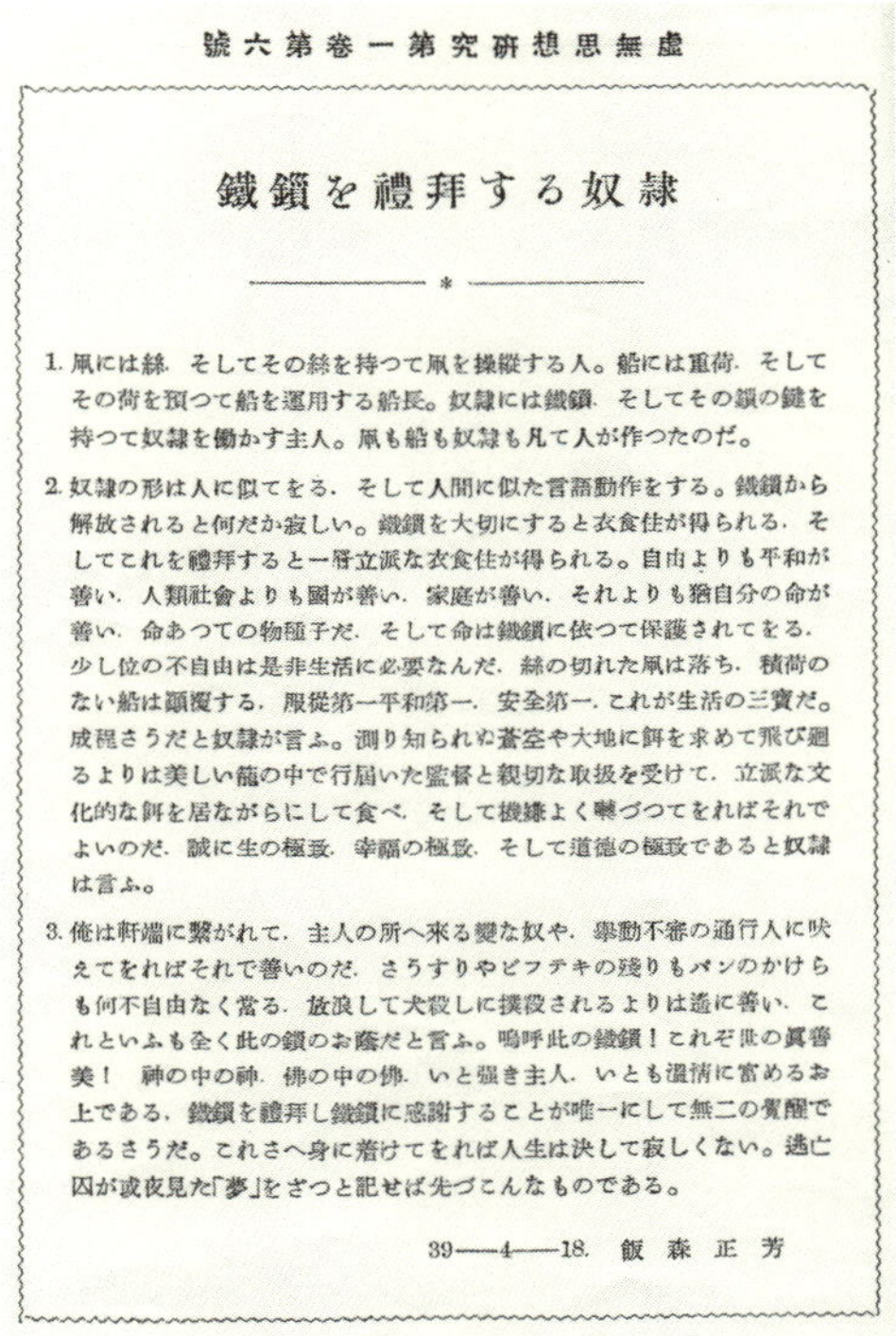

虛無思想研究第一卷第六號

鐵鎖を禮拜する奴隷

*

1. 凧には絲. そしてその絲を持つて凧を操縦する人。船には重荷. そしてその荷を預つて船を運用する船長。奴隷には鐵鎖. そしてその鎖の鍵を持つて奴隷を働かす主人。凧も船も奴隷も凡て人が作つたのだ。

2. 奴隷の形は人に似てをる. そして人間に似た言語動作をする。鐵鎖から解放されると何だか寂しい。鐵鎖を大切にすると衣食住が得られる. そしてこれを禮拜すると一層立派な衣食住が得られる。自由よりも平和が善い. 人類社會よりも國が善い. 家庭が善い. それよりも猶自分の命が善い. 命あつての物種子だ. そして命は鐵鎖に依つて保護されてをる. 少し位の不自由は是非生活に必要なんだ. 絲の切れた凧は落ち. 積荷のない船は顚覆する. 服從第一平和第一. 安全第一. これが生活の三寶だ。成程さうだと奴隷が言ふ。測り知られぬ蒼空や大地に餌を求めて飛び廻るよりは美しい籠の中で行屆いた監督と親切な取扱を受けて. 立派な文化的な餌を居ながらにして食べ. そして機嫌よく囀づつてをればそれでよいのだ. 誠に生の極致. 幸福の極致. そして道德の極致であると奴隷は言ふ。

3. 俺は軒端に繫がれて. 主人の所へ來る變な奴や. 擧動不審の通行人に吠えてをればそれで善いのだ. さうすりやビフテキの殘りもパンのかけらも何不自由なく嘗る. 放浪して犬殺しに撲殺されるよりは遙に善い. これといふも全く此の鎖のお蔭だと言ふ。嗚呼此の鐵鎖！これぞ世の眞善美！ 神の中の神. 佛の中の佛. いと强き主人. いとも溫情に富めるお上である. 鐵鎖を禮拜し鐵鎖に感謝することが唯一にして無二の覺醒であるさうだ。これさへ身に着けてをれば人生は決して寂しくない。逃亡囚が或夜見た「夢」をざつと記せば先づこんなものである。

39——4——18. 飯森正芳

図20 飯森正芳著「鉄鎖を礼拝する奴隷」、『虚無思想研究』第1巻第6号、1925年12月

図21 飯森正芳（後列左4）と辻潤（同左6）ら、於大阪、1926年1月4日

同月	いう名前を使う。 ▼「鉄鎖を礼拝する奴隷」（一九〇六年四月一八日著）を『虚無思想研究』第一巻六号に発表。（図20）	

一九二六（大正一五・昭和一）年　四七歳

一月四日	大阪で辻潤らと写真撮影。（図21）	
三月一五日	上京し、辻潤と一緒に加藤一夫を訪ねる。	『辻潤への愛』一一〇頁
三月一六日	辻潤の家に泊まり、ウラ哲もここに泊まった。夜遅く、小島清、静江が帰ってくる。夜中、エリゼ二郎が一旦来たがすぐ帰った。 小島清（一九〇二-一九八一）、広島県立三原女子師範二部卒。一九二二年から一九二九年、辻潤と同棲。一九三三年玉生謙太郎と結婚。	同上一一〇-一一一頁
三月一七日	午後、辻潤、小島清、静江と四人で原村の梅林へ行き、まずビールを三四本飲み、それからオンタケへと出かけ、精進料理を食べ、お酒四本を飲んだ。そのあと、蒲田駅の前の変なカフェーで辻、小島と別盃をくみ、それから大阪に帰った。	同上一一一頁
四月	▼「暴風を往く鸚鵡」が『虚無思想』創刊号にある『虚無思想研究』第二巻第三・四合併号の目次に見られる。 実際刊行された第二巻第三号は別の内容となっているので該当文は未見。	
一二月二〇日	父正則はすでに星田悦子とともに京都府綾部町大本神苑池の端に移住した。	飯森正則書簡
一二月二五日	改元、元号は昭和となる。	
同日	住所はなお大阪市東成区布施腹見町四六三となる。	同上

一九二七（昭和二）年　四八歳

二月一四日	住所は静岡県安部郡千代田村上沓ノ谷二一番地に変わった。辻潤の息子まことがここに寄宿して静岡県立静岡工業学校に通っていた。「下宿というよりも学費から生活費までいっさいの面倒をみ」た。（一九二八年一月までか）。 辻まこと（一九一三-一九七五）、詩人、画家。辻潤と伊藤野枝の長男として生まれる。最初の妻は武林無想庵の娘イヴォンヌ。自死した。	飯森正則書簡 『むさうあん物語』第一三、四三三頁／杉本誠「ウラヤマに山を見た辻まことの山と人生」
六月二三日	星田悦子、綾部大本本部で死去。	飯森正則書簡

八月一三日	父正則は居を大阪市西区小塘北堀江上通三丁目二番地星田清丸方に移した。	同上
一〇月二六日	住所は東京市牛込区富久町一六の中村弥二郎方に変わった。	同上

一九二八（昭和三）年　四九歳

一月一日	父正則から年賀葉書。	飯森正則書簡
二月一日	後備役編入。 海軍高等武官准士官服役令（勅令第六八号、一八九九年三月二七日）第一〇、一一条によれば、予備役満期してから五年間後備役に服する。	軍人履歴原表
二月二〇日	住所は東京市外高円寺町九二九菊村雪子方に変わった。 菊村雪子は一九二〇年代中期、辻潤と密接な関係があった。その妹菊村澄子は卜部哲次郎の妻である。	飯森正則書簡
三月二〇日	住所はまた東京市牛込区富久町一六の中村弥二郎方に変わった。	同上
七月一八日	出口王仁三郎一行が穴水を訪れ、飯森正芳とその父正則に関して次の文を書き残した。 「七波の浦を越ゆれば穴水の入江は左方の嶋影にあり。高山彦や蠑螈別の出生地にして、後世には輪頭尾転非の狼や守宮別に由緒深き穴水の里は左手の嶋影にあり。菖蒲のお花さんの婿にせんとて、お虎婆さんの屁の出さんが山河百里を越えて、十七回まで往復し、終に非の狼を生捕りたる霊界物語に因縁深き所なり。ア々されどお花さん今は世に在らず、輪頭尾転屁の出両精霊の心中思ひやられて憐れなり。 花婿をやっと求めしお花さんの由緒の深き穴水近し。 山海を十七回も往来して貰った婿の花は散りけり」 ここの蠑螈別と守宮別は飯森正芳のこと、高山彦と輪頭尾転非の狼は正芳の父正則のこと、菖蒲のお花さんは黒田悦子（星田悦子）のこと、お虎婆さんは福島久子のこと。	『東北日記』一之巻一一一‐一一二頁
八月二〇日	住所は東京市外高円寺町九九北濱方に変わった。 高円寺在住中、呉朗西は日曜日によく訪ねてき、または飯森と春枝を誘って銀座か神田に行き中国料理店で食事する。	飯森正則書簡 呉朗西「飯森正芳先生を憶う」
九月八日	住所は横須賀市汐入町一四五に変わった。	飯森正則書簡
九月二九日	父正則から養子をもらうとの話がでた。	同上
秋頃か	ある土曜日午後、呉朗西と陳瑜清が横須賀の飯森家を訪ね、そこで辻潤の妻小島清に合い、	呉朗西「飯森正芳先生を憶う」

一九二九（昭和四）年　五〇歳

そのあと春枝を含めて五人で、日本料理屋で夕食をした。

呉の回憶では横須賀の飯森家を訪ねたのは一九二九年春のある土曜日となっているが、編者の考証では一九二八年秋が妥当であろう。

一一月九日　宮嶋資夫が飯森正芳の住所に小島清への手紙を送る。そのとき小島はここに住んでいるようである。　『辻潤への愛』一三〇頁

宮嶋資夫（一八八六―一九五一）小説家、僧侶。

一一月一日　▼「夜」を『矛盾』第一巻第三号に発表。（図22）

「辻の留守中、アナーキズムの文芸雑誌では、「黒旗は進む」「単騎」「黒色文芸」「黒色戦線」に、「矛盾」などが出ていた。「矛盾」は七月に創刊号をだして、宮嶋資夫が巻頭言を書いていた。五十里幸太郎が編集して、石川三四郎…らが執筆した。そのなかに飯森正芳もいた。」　同上一三一頁

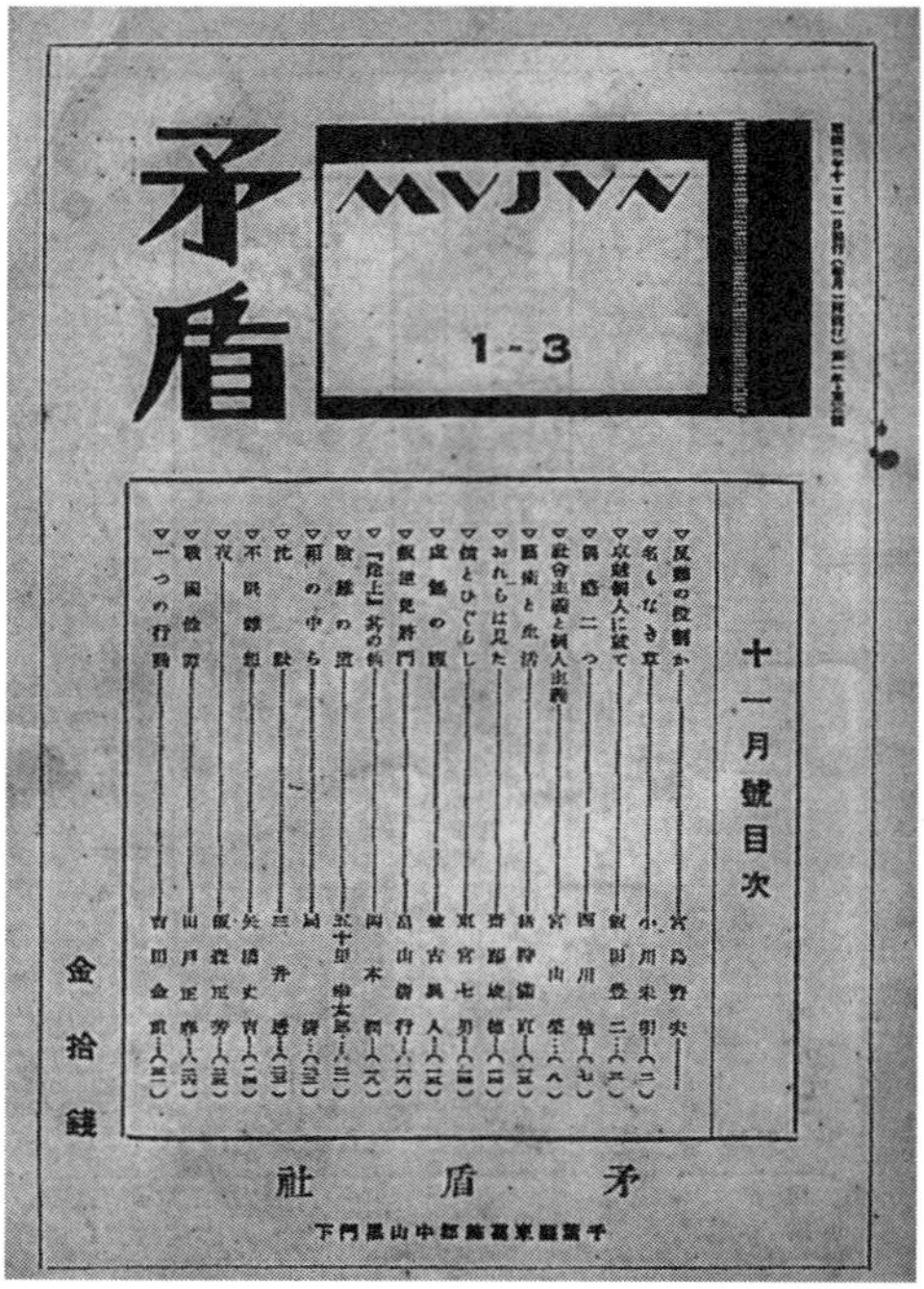

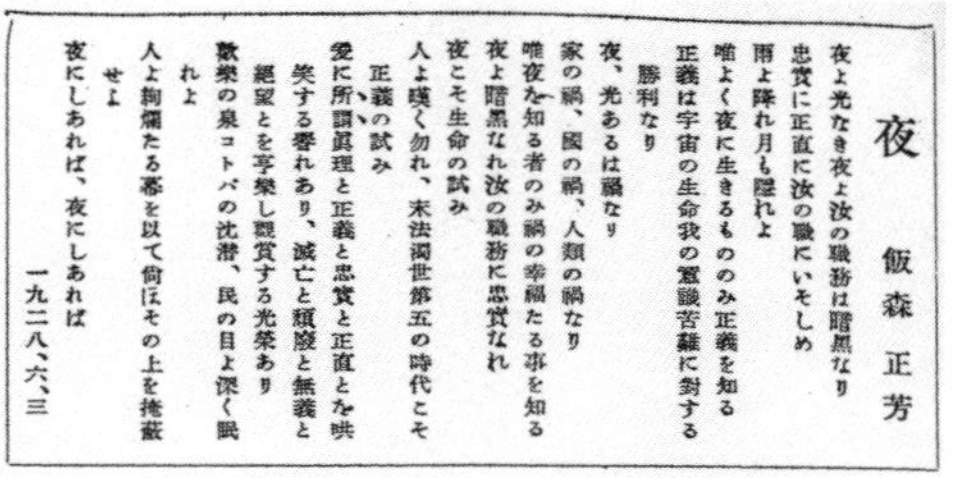

夜　飯森正芳

夜よ光なき夜よ汝の職務は暗黒なり
忠實に正直に汝の職にいそしめ
雨よ降れ月も隠れよ
唯よく夜に生きるもののみ正義を知る
正義は宇宙の生命我の叢議苦難に對する
勝利なり
夜、光あるは禍なり
家の禍、國の禍、人類の禍なり
唯夜を知る者のみ禍の幸福たる事を知る
夜よ暗黒なれ汝の職務に忠實なれ
夜こそ生命の試み
人よ嘆く勿れ、末法濁世第五の時代こそ
正義の試み
爰に所謂眞理と正義と忠實と正直とが嘲
笑する巷れあり、滅亡と頽廢と無義と
絶望とを享樂し讃賞する光榮あり
歡樂の泉コトバの沈潜、民の目よ深く眠
れよ
人よ絢爛たる幕を以て尚ほその上を掩蔽
せよ
夜にしあれば、夜にしあれば

一九二八、六、三

図22　飯森正芳著「夜」、『矛盾』第1巻第3号、1928年11月1日

一月一日	父正則から年賀葉書。	飯森正則書簡
三月二七日	住所はなお横須賀市汐入町一四五である。	同上／『月刊日本』第四九号、四月一日
三月	津田光造の紹介で『月刊日本』誌友（購読者）となる。	『月刊日本』第四九号
六月一日	住所は神奈川県鎌倉町笹目通り二七二に変わった。	飯森正則書簡
一二月一五日	住所は同上。	同上
本年後半か	辻潤が武林無想庵をつれて来訪。無想庵とは初対面。三人で江の島の「金亀」で夕食した。 武林無想庵（一八八〇－一九六二）は小説家、翻訳家、ダダイスト。	『むさうあん物語』第一三、四一八－四二〇頁
一二月二五日	住所は静岡県沼津市向河岸日の出町一六二山本裁縫塾後に変わった。 中村文によると、軍隊をやめてから「飯森さんは飄々と一か月の間に二二回も転居した人です。五、六冊の愛読書と、毛布三枚を大きな旅行鞄に入れて人力車に乗って移動されていました。」	飯森正則書簡 中村伯三「飯森正芳という快男児」

一九三〇（昭和五）年　五一歳

二月一〇日	住所はなお静岡県沼津市向河岸日の出町一六二山本裁縫塾後。	飯森正則書簡
二月	▼「さらまんだ（一）」を『ニヒル』創刊号に発表。	
三月一八日	住所は沼津市我入道二二四に変わった。	同上
五月	宮嶋資夫が嵯峨の天竜寺に入る前に沼津に途中下車して来訪、「世有一等流、悠々似木頭、出語無知解、云我百不憂、問道道不会、問佛佛不求、子細推尋著、茫然一場愁」という詩を記念として書き残した。その四、五日後、辻潤が静岡方面へ旅をした帰途、来訪。辻潤に「宮嶋君が風呂包みをこしらえて、出かけて行った姿はいかにも寂しそうだった」と言ったほか、宮嶋が書いた随筆を見せた。その一枚に「辻潤文骨、ウラ哲野狐禅、無想庵サイノロ」と書かれている。	『仏門に入りて』六頁／『むさうあん物語』第二一、一二五頁／辻潤「Mの出家とIの死」

一九三一（昭和六）年　五二歳

一月一日	父正則から年賀葉書。	飯森正則書簡
四月四日	住所はなお沼津市我入道二二四。	同上
四月二三日	住所は石川県鹿島郡田鶴浜藤沢方に変わった。	同上

五月頃	能登田鶴浜在住中、七尾中学校で英語や数学を教える。 桃源洞人という名で辻潤和尚宛に葉書を出した。それによると、能登帰着以来一ヶ月余りの間に「二、三の禅僧と新進の宮司さん、大本信者達と雀と蛙と河鹿と青大将」と交流ありと。また「鉄心木魚神様明石伊庭孝オバコ皆々健在なりや」と尋ねた。 　ここでは、二、三の禅僧は暁烏敏、藤原鉄乗、高光大船をさすであろう。蛙は高田集蔵を、鉄心は卜部哲次郎を、木魚は小島清をさす。明石と伊庭孝は実名である。辻潤の返信では「桃源洞人ことサラマンダー――俗名イモリは非職海軍中佐で…因縁浅からず十年の法友である。会すれば共に酌み、道を談じ、諧謔をほしいままにし、時に山川の行楽を共にする。離れている時には見本の如き書信の往復するのである」と書いてある。	『むさうあん物語』第二一、一二八頁 辻潤「交友観」
九月一八日	柳条湖事件（満州事件）が勃発。	

一九三二（昭和七）年　五三歳

八月一六日	住所はなお能登田鶴浜ワ部五三。	飯森正則書簡
八月	暁烏敏宅で行われる本年第九回自由講習会に参加、熱烈なる信念を告白した。妻（春枝か）も同行。	暁烏敏「講習会の頃」

一九三三（昭和八）年　五四歳

二月一日	海軍高等武官准士官服役令に則って五年間の後備役を終え、退役編入。	
六月八日	住所なお能登田鶴浜ワ部五三。	
八月頃	暁烏敏宅で行われる自由講習会に参加、発言もした。	

一九三四（昭和九）年　五五歳

一月六日	住所は能登柴垣に変わった。	官報第一八五九号、三月一四日／
四月一九日現在	水雷艇友鶴遭難者義捐金へ募金一円。	『有終』第二〇巻第四号、四月五日

八月五日	出産入院中の玉生清（小島清のこと、昨年玉生謙太郎と結婚した）は入院費のため、飯森正芳に手紙を書く。	飯森正則書簡 暁烏敏「視力減退」
八月八日	矢橋（丈吉）が飯森正芳からの手紙を小島清に届ける。小島は飯森の送金で入院費は賄われたよう。	飯森正則書簡 『有終』第二一巻第五号、五月五日

一九三五（昭和一〇）年　五六歳

七月二四日	住所はなお能登柴垣。	『辻潤への愛』一七五頁
一〇月一二日	住所は金沢市田町新道七三番地に変わった。	
一一月九日	金沢市石浦町千本閣で開かれた鈴木大拙歓迎会に参加。記念撮影あり。（図23） 　鈴木大拙（一八七〇-一九六六）は石川出身、日本の禅文化を海外に広く知らしめた仏教学者で、文学博士である。	同上一七七-一七九頁
一一月二八日	午後三時半、父正則は大阪から故郷の能登穴水にもどり、弟の飯森健二のところに住む。	飯森正則書簡
一二月二五日	住所はなお金沢市田町新道七三番地。	同上
本年か翌年	能登在住の西村道男と知り合い、彼に辻潤や武林無想庵を紹介した。 　西村道男、一九一五年生、四高中退、一九四二年東大国文科卒、金沢女子短大教授を勧めた。	『鈴木大拙全集』第四〇巻一五三頁

一九三六（昭和一一）年　五七歳

三月二九日	午前九時五分、父正則死去、享年七九歳。	飯森正則書簡

一九三七（昭和一二）年　五八歳

二月一〇日	金沢第四高等学校至誠堂で暁烏敏らと写真撮影。（図24）	同上
四月一八日	松井、青木、金森人が来訪、写真をした。（図25）写真の背後に「同じく四月十八日柴垣の飯森大人を三人で訪ね、夜おそくまで語り合った紀念のもの、その夜更け三人は自動車で羽咋へ帰った。大川堤の桜の満開であった夜更を（松井、青木、金森）昭和十二年春」と書いてある。	『海商三代の記録』七九頁

図23　鈴木大拙氏歓迎会、前列左5鈴木大拙、左6飯森正芳、
於金沢市石浦町千本閣、1935年11月9日

図24　前列右6は暁烏敏、右7は飯森正芳、於金沢第四高等学校至誠堂、1937年2月10日

図25　飯森正芳（左2）と松井、青木、金森、於柴垣の飯森家、1937年4月18日

図26　鈴木大拙氏の春期講演会前、中列左より栗原、木場、飯森正芳、鈴木大拙、畠山、
高光（大船か）、林、後列左３西村、左４舘、左５日下、左７村上、於仙宝閣、1937年5月22日

五月二二日	北陸仏教青年会主催の金沢第四高等学校大講堂における鈴木大拙氏春期講演会に参加、講演前の午後七時に仙宝閣で記念撮影。（図26）	
五月	フランスへ行く前の武林無想庵に葉書を出した。それによると、飯森一家は石川を出て東京へ、かつて飯森が七尾中学校の英語や数学の先生をしていた時の教え子で、本年工大卒業して荻窪にある中島飛行機に入社した野尻しろう（漢字表記不明）の招きで彼が荻窪で借りた家に一緒に住むことになるそうである。 中島飛行機は一九一七年から一九四五年まで存在した日本の航空機・航空エンジンメーカー。創業者の中島知久平（一八八四－一九四九）は海機第一五期生。	『むさうあん物語』第二二、一二八頁
六月七日	金沢市石浦町仙宝閣での暁烏敏氏還暦祝賀会に参加。記念撮影あり。（図27）	暁烏敏「還暦記念会」

一九三八（昭和一三）年　五九歳

本年	武林無想庵が荻窪に来訪。ここで初めて飯森正芳の妻久子に会い驚いた。彼はこれまで春枝にしか会ったことがなく、ずっと春枝を飯森の妻だと思っていたから。 後日、春枝と天ぷらや刺身やビールを届けさせて無想庵の住む武蔵野荘を訪ねる。そのあと、ここに来た無想庵の娘イヴォンヌと四人で渋谷へ出かけ、露店の焼き鳥などを食べて別れた。	『むさうあん物語』第二二、一二五－一二九頁

一九三九（昭和一五）年　六〇歳

一〇月六日	東京荻窪自宅前で記念撮影。写真の背後に「Sirou-chan & Salamander」と書いてある。「Salamander」つまり「いもり」の英語、飯森のことである。（図28）	
一二月三日	西川光二郎、中里、山本（泰一？）と吉田庄七の新居を訪ねる。	吉田庄七「若き時代の面影」

一九四〇（昭和一六）年　六一歳

四月二日	春枝と一緒に辻潤について東京新宿「千代」という店に行き、ここで西山勇太郎、萩原朔太郎も加えて宴会を開いた。	寺島珠雄「朔太郎の手紙一通をめぐって」
一一月一〇日	紀元二千六百年祝典記念章を授与。	官報第四六九一号、一九四二年八月二八日

紀元二千六百年は、初代天皇である神武天皇が即位した紀元前六六〇年とされる年を元年とする日本の紀年法による数え方である。

一九四一（昭和一七）年　六二歳

二月一〇日	▼著文（題名不明）を『三千年』通巻（冊）号第六冊に発表。	寺島珠雄「ガリ版雑誌『色即是空』と西山勇太郎のこと」
三月一〇日	軍令部に於ける調査事務嘱託を受ける。	軍人履歴原表
七月一日	午後五時頃、海軍省から帰る途中、警視庁の前に秋田雨雀に会い、握手し、元気に話す。秋田は日記に「老哲学者飯森中佐」と書いている。	『秋田雨雀日記』第三巻二八〇頁
九月一六日	軍令部に於ける調査事務嘱託を解く	軍人履歴原表

一九四二（昭和一八）年　六三歳

六月六日	東京杉並区荻窪駅南普茶料理桃山で石川県尋常中学校同窓会に参加、食事後、荻窪三の一四の星川写真館で撮影（図29）、その中、先生は四人：大田達人（喜寿）、堀維孝先生（七五歳）、秦孝道先生（七五歳）、橋本捨次郎（七〇歳）、生徒は一〇人：飯森のほか、一八九八年卒の五期生である粟野宗太郎、圓中友次郎（太郎の誤りか）、三橋篤敬、寺田正治、一八九九年卒の六期生である竹村勘悳、大木彝雄、小川恂臧、村田重次、及び山下巍八郎。 　飯森は一八九六年に四年修了して海機に入ったので一八九七年卒の四期生に相当するが、中退したために『一覧』の卒業者名簿には名前がない。『一覧』には山下の名前もない。同じ石川出身の山下は海機では飯森より一期下なので一八九七年に中退したのだろう。	『石川県立金沢第一中学校一覧』一七五－一七六、一八〇－一八一頁
八月二三日	南宝興産創立協議会に参加、その日南宝興産顧問に就任、任期は翌年の一月一七日まで、麻布十番会館前で記念撮影。（図30）	

一九四三（昭和一九）年　六四歳

四月二四日	▼東京杉並区三谷町六九から静岡県田方郡宇佐美村初津の中村有楽（弥三郎）に古稀（一八七三年六月二六日生）を祝う書簡を送る。	

図27　暁烏敏氏還暦祝賀会、2列目真ん中の眼鏡をかけた人は暁烏敏、前列右1飯森正芳、
於金沢市石浦町仙宝閣、1937年6月7日

図28　飯森正芳（左）と野尻か、
於東京荻窪自宅前、1939年10月6日

図29　石川県尋常中学校同窓会、前列左から橋本捨次郎（70歳）、堀維孝先生（75歳）、太田達人（喜寿）、秦孝道先生（75歳）、粟野宗太郎、小川恂臧、中列左から飯森正芳、竹村勘悉、村田重次、後列左から圓中友太郎（次郎か）、三橋篤敬、山下巍八郎、大木彝雄、寺田正治、於荻窪3の14星川写真館、1942年6月6日悉

図30　南宝興産創立協議会、前列左5は飯森正芳、於麻布十番会館前、1942年8月23日

図31　飯森正芳著「辻潤追悼文」、『無風帯社ニュース』第2号、1946年9月5日

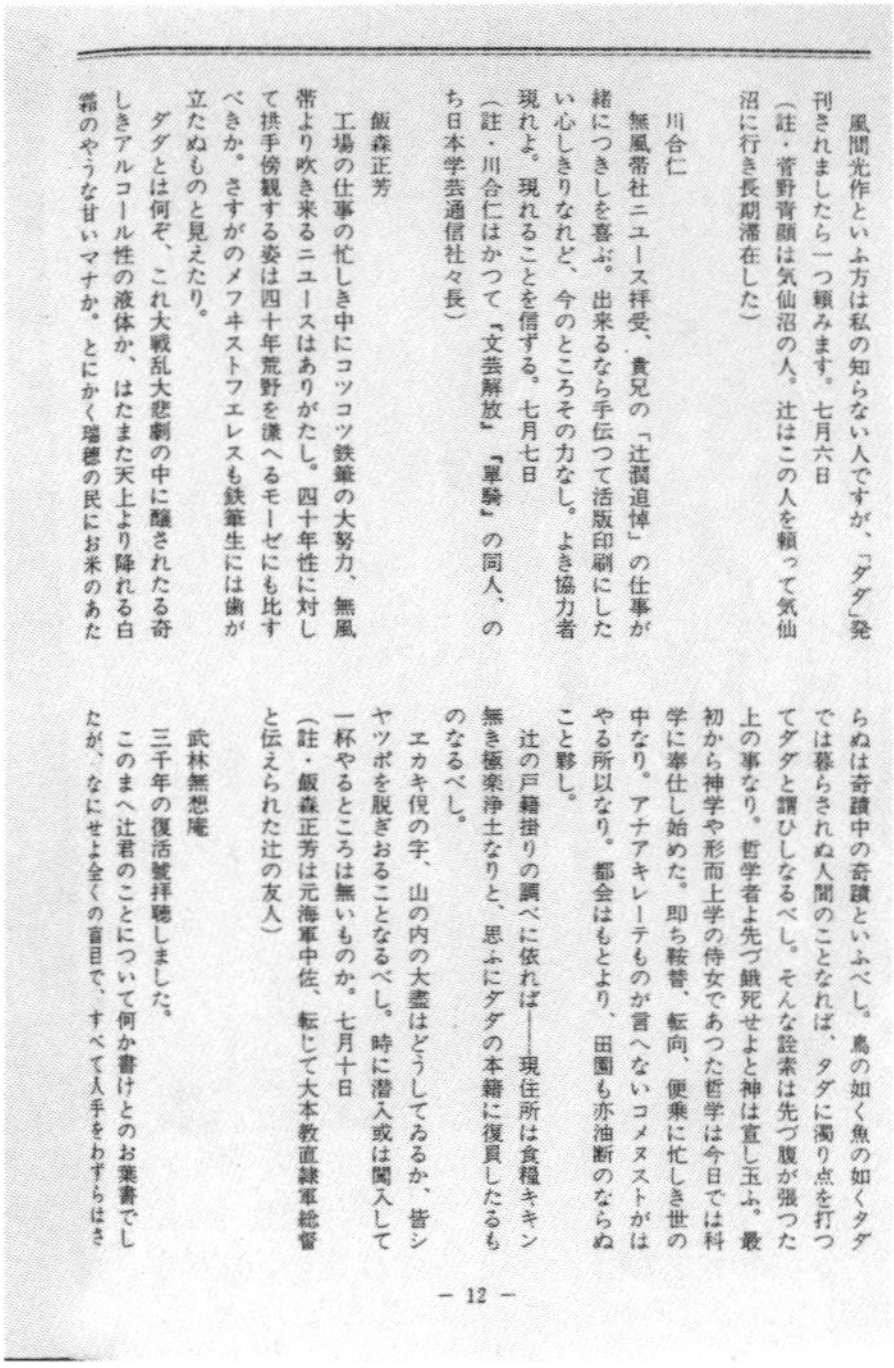
風間光作といふ方は私の知らない人ですが、「ダダ」発刊されましたら一つ頼みます。七月六日
（註・菅野青顔は気仙沼の人。辻はこの人を頼って気仙沼に行き長期滞在した）

川合仁
無風帯社ニュース拝受、貴兄の「辻潤追悼」の仕事が緒につきしを喜ぶ。出来るなら手伝つて活版印刷にしたい心しきりなれど、今のところその力なし。よき協力者現れよ。現れることを信ずる。七月七日
（註・川合仁はかつて『文芸解放』『單騎』の同人、のち日本学芸通信社々長）

飯森正芳
工場の仕事の忙しき中にコツコツ鉄筆の大努力、無風帯より吹き来るニュースはありがたし。四十年性に対して拱手傍観する姿は四十年荒野を漾へるモーゼにも比すべきか。さすがのメフキストフエレスも鉄筆生には歯が立たぬものと見えたり。
ダダとは何ぞ、これ大戦乱大悲劇の中に醸されたる奇しきアルコール性の液体か、はたまた天上より降れる白霜のやうな甘いマナか。とにかく瑞穂の民にお米のあたらぬは奇蹟中の奇蹟といふべし。鳥の如く魚の如くタダでは暮らされぬ人間のことなれば、タダに濁り点を打つてダダと謂ひしなるべし。そんな詮索は先づ腹が張つた上の事なり。哲学者よ先づ餓死せよと神は宣し玉ふ。最初から神学や形而上学の侍女であつた哲学は今日では科学に奉仕し始めた。即ち鞍替、転向、便乗に忙しき世の中なり。アナアキレーテものが言へないコメヌストがはやる所以なり。都会はもとより、田園も亦油断のならぬこと夥し。
辻の戸籍掛りの調べに依れば――現住所は食糧キキン無き極楽浄土なりと、思ふにダダの本籍に復員したるものなるべし。
エカキ伮の字、山の内の大盡はどうしてゐるか、皆シヤツポを脱ぎおることなるべし。時に潜入或は闖入して一杯やるところは無いものか。七月十日
（註・飯森正芳は元海軍中佐、転じて大本教直隷軍総督と伝えられた辻の友人）

武林無想庵
三千年の復活號拝聴しました。
このまへ辻君のことについて何か書けとのお葉書でしたが、なにせよ全くの盲目で、すべて人手をわずらはさ

— 12 —

図32　飯森正芳（中央）と久子（右）、春枝（左）ら、於土浦小山田、1947年4月10日

一九四五（昭和二〇）年　六六歳

八月一五日	終戦。
一一月二五日	連合国軍最高司令官総司令部により軍人（不具、廃疾の者を除く）への恩給の支給を翌一九四六年二月一日まで禁止する。

一九四六（昭和二一）年　六七歳

二月一日	勅令第六八号により連合国最高司令官指令に基づく重症者に係る傷病恩給を除き、旧軍人軍属の恩給は廃止。旧軍人軍属の恩給復活したのは一九五三年である（法律第一五五号）。	
三月一日か	▼「降参党宣言」、十項目からなる。	寺島珠雄「おもしろがり屋報告（三）」

三月二四日	茨城県久慈郡生瀬村鈴木市郎方西村忠恭へ手紙を送る。 西村忠恭は西村道男の弟、一九一七年生、一九三八年四高卒、一九四一年東大卒、心理学者。	『無風帯社ニュース』創刊号
四月一一日か	西村忠恭から返信。それによると、現住所は土浦市乙戸小山田町事務所である。	
六月二八日	新潟県糸魚川町須澤の梅澤三郎から葉書。現住所は茨城県土浦市小山田町農場事務所内である。	
七月五日	「辻潤追悼」執筆者の予告に名を連ねる。執筆者は計五七人ある。	
七月一〇日	▼辻潤追悼文を執筆した。	
九月五日	▼辻潤追悼文を『無風帯社ニュース』第二号に発表（図31）。文末には「飯森正芳は元海軍中佐、転じて大本教直隷軍総督と伝えられた辻の友人」という附註がある。『無風帯社ニュース』第二号に『辻潤』（第一冊）を題とする本の刊行広告が載っている。編集は西山勇太郎、執筆者は飯森正芳ら一〇人、刊行予定は一一月。 実際このような本は刊行されていないようである。	

一九四七（昭和二二）年　六八歳

四月一〇日	久子、春枝らと土浦小山田で写真撮影。（図32）	

一九四九（昭和二四）年　七〇歳

四月	弟繁が亡くなり、享年五九歳。	飯森正芳から伊藤正子宛の葉書、一二月二九日（図33）

一九五〇（昭和二五）年　七一歳

本年一二月頃まで	光源寺（住職は一二三尽了）に住んでいる。 ▼葉書には「私共永らく光源寺の一二三尽了住職たちの御世話になってゐましたが、あまり永くなりますので表記の処に引越し、相変らず部屋代も電灯代もあげられず、深い好意のなかに住居させて頂いてをります。」「春枝は近所の機械工場に雇はれて毎日十時間以上の労働をなし日給一一〇円貰ってゐます。生活能力の無くなった老骨誠に意固地のない次第です。唯読み書きが毎日の忙しい仕事ですが、世間の文士と異い、原稿料を稼ぐ	

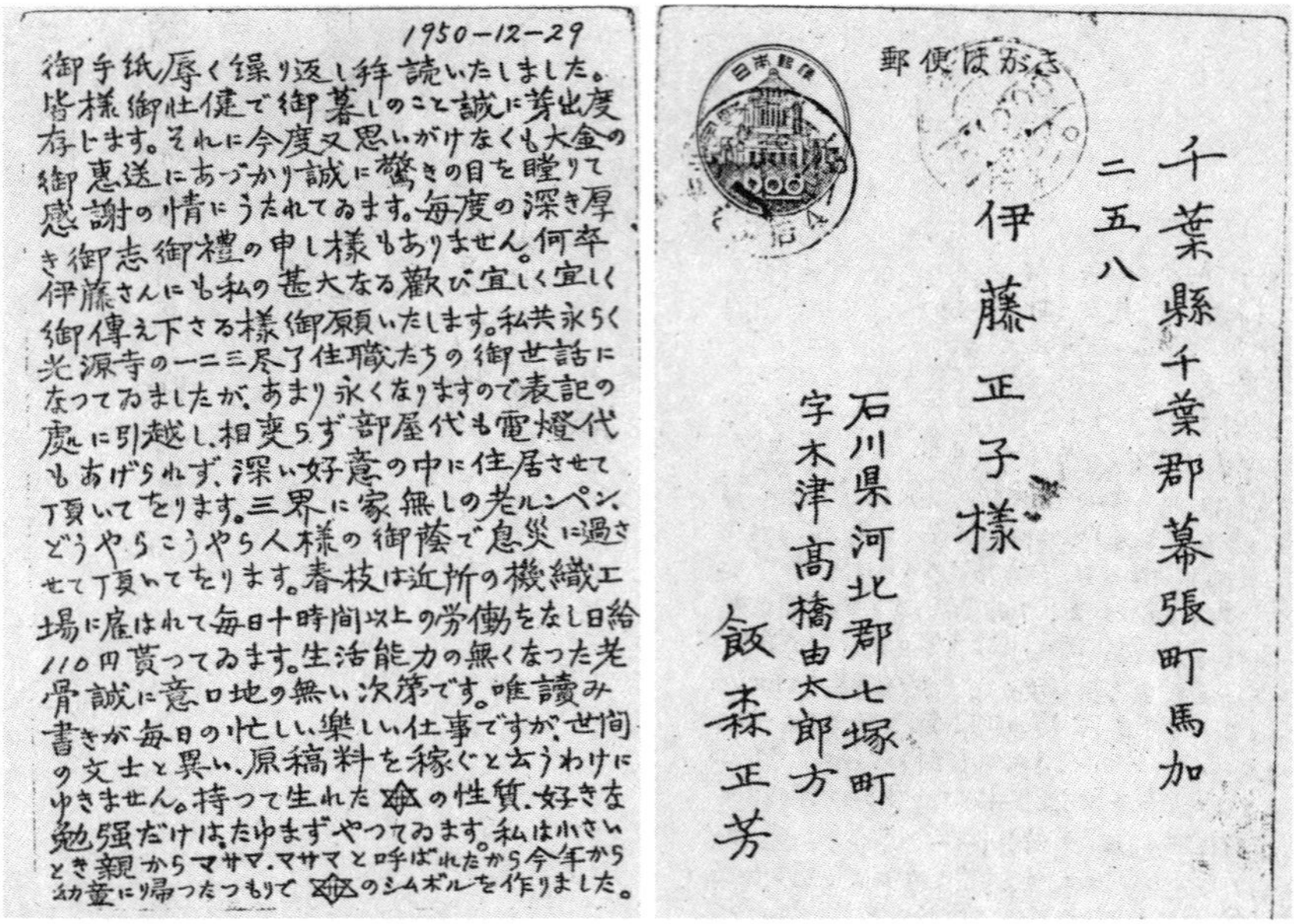
郵便はがき

千葉縣千葉郡幕張町馬加
二五八
伊藤正子様

石川県河北郡七塚町
字木津高橋由太郎方
飯森正芳

1950-12-29

御手紙辱く繰り返し拝読いたしました。皆様御壮健で御暮しのこと誠に芽出度存じます。それに今度又思いがけなくも大金の御恵送にあづかり誠に驚きの目を瞠りて感謝の情にうたれてゐます。毎度の深き厚き御志御禮の申し様もありません。何卒伊藤さんにも私の甚大なる歡び宜しく宜しく御傳え下さる様御願いたします。私共永らく光源寺の一二三尽了住職たちの御世話になつてゐましたが、あまり永くなりますので表記の處に引越し、相変らず部屋代も電燈代もあげられず、深い好意の中に住居させて頂いてをります。三界に家無しの老ルンペン、どうやらこうやら人様の御蔭で息災に過させて頂いてをります。春枝は近所の機織工場に雇はれて毎日十時間以上の労働をなし日給110円貰つてゐます。生活能力の無くなつた老骨誠に意口地の無い次第です。唯讀み書きが毎日の忙しい楽しい仕事ですが、世間の文士と異い、原稿料を稼ぐと云うわけにゆきません。持つて生れた の性質、好きな勉強だけはたゆまずやつてゐます。私は小さいとき親からマサマ、マサマと呼ばれたから今年から幼童に帰つたつもりで のシムボルを作りました。

図33　飯森正芳から伊藤正子宛の葉書、1950年12月29日

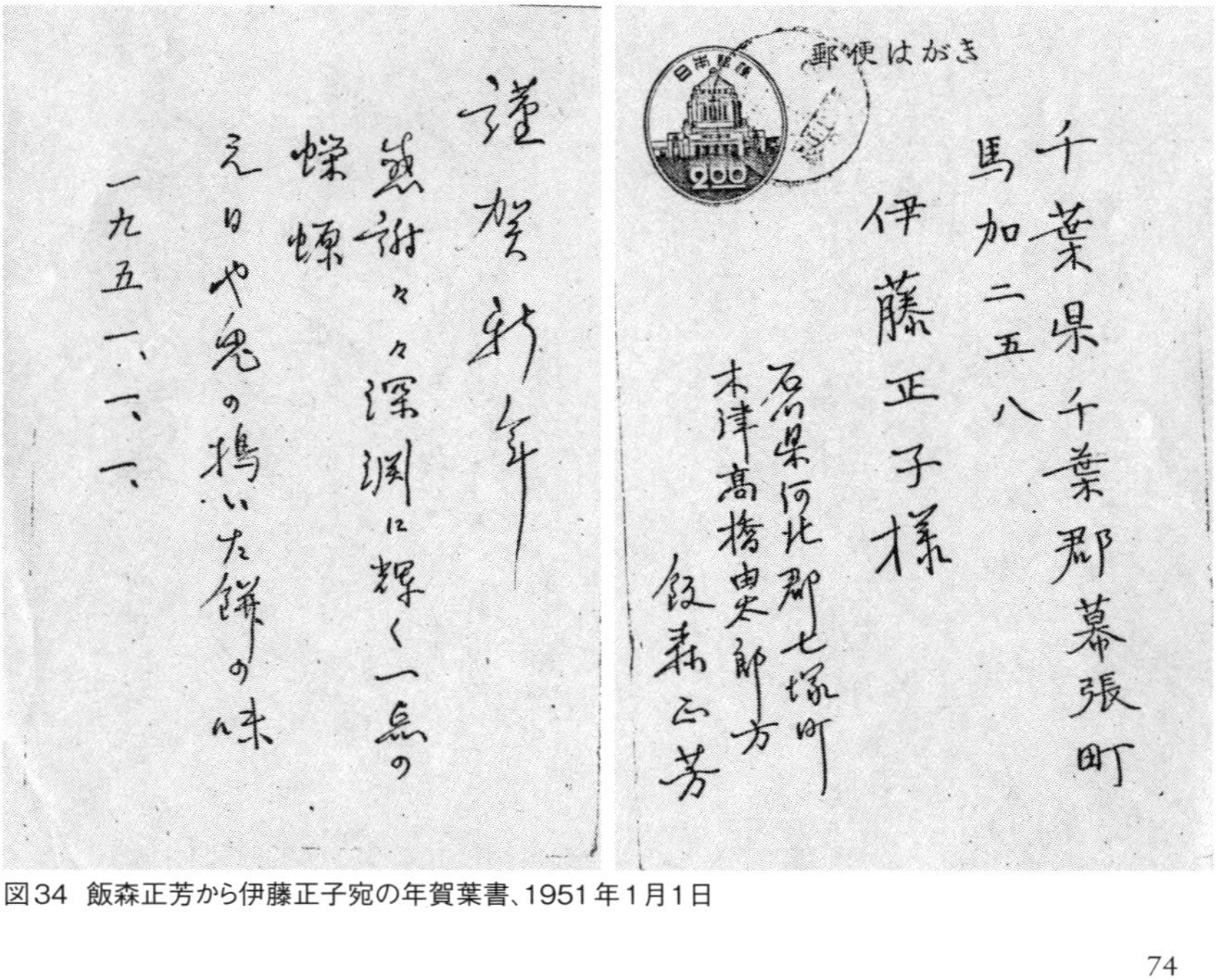
郵便はがき

千葉県千葉郡幕張町
馬加二五八
伊藤正子様

石川県河北郡七塚町
木津高橋由太郎方
飯森正芳

謹賀新年
感謝々々深淵に輝く一点の
蝶螵
えりや兎の搗いた餅の味
一九五一、一、一

図34　飯森正芳から伊藤正子宛の年賀葉書、1951年1月1日

	と云うわけにゆきません。持って生れた✡の性質、好きな勉強だけは、たゆまずやってゐ✡ます。私は小さいとき親からマサマ、マサマと呼ばれたから今年から幼童に帰ったつもりでのシムボルを作りました」と書いている。 光源寺は現石川県河北市木津ニ一四四、横山駅から徒歩約一五分。西本願寺の末寺である。一二三尽了の娘さんの話によると、飯森がここにいる間、近所の子供に英語を教えていたそうである。
一二月頃	住所は河北郡七塚町木津の高橋由太郎方である。

一九五一（昭和二六）年　七二歳

一月一日	「謹賀新年　感謝々々深淵に輝く一点の蝶螈　元日や兎の搗いた餅の味」という年賀葉書を伊藤正子へ送った。（図34）
五月末から	病床に臥す。
六月六日	午後一一時五〇分、茨城県土浦市大字（弎）乙戸番外一番地の六で妻久子が亡くなる。享年七〇歳。死亡届は翌日、同居の親族宮島好により出された。（久子の旧姓は宮島。）
七月三日	石川県河北郡七塚町木津ホ七一高沢岩次方より伊藤義男・正子へ手紙（春枝代筆）を送る。
七月五日	河北郡七塚町長へ中門春枝（はるゑ）との婚姻届を出す。
七月七日	春枝は鳳至郡輪島町字鳳至町鳳至丁九一番地から入籍。
七月八日	妹操が見舞いに来る。
七月九日	伊藤正子へ手紙（春枝代筆）を送る。
八月一七日	午後五時三〇分、七〇日あまりの闘病生活を経て、河北郡七塚町字木津ホ七一番地で亡くなる。
八月一八日	死亡届は飯森春枝によって出される。
同日	葬儀が行われる。弟定省、妹深井操とその長男一郎が参列した。
八月二五日	飯森春枝から伊藤正子へ手紙、「おてがみと御香典をいただきありがとうございました。泣いても泣いても涙がつきません」と書いている。

一九五二（昭和二七）年

一一月五日	午前一一時五〇分、東京都足立区千住桜木町五三番地で春枝が亡くなり、享年五四歳。死亡届は同居者の金城周奉によって出された。

【参考資料一覧】

(1)年譜に掲示された資料

＊印のついた資料は未公開、傍線のついた資料は「乙 それ以外のもの」中に立項されている。

甲 飯森正芳の著作（執筆時間順による）

「鉄鎖を礼拝する奴隷」、一九〇六年四月一八日執筆、『虚無思想研究』第一巻第六号巻頭、一九二五年一二月。

「偶感」、『化学的食養雑誌』第四一号七-一四頁、一九一一年三月五日。

「十箇條の質問に対する回答」（原作は無題、いまの題名は編者がつけたもの）、一九一二年一月三一日執筆、金子博愛『一元相互 春の巻』二二一-二二三頁、東京堂、一九一三年一月二九日。

「宣言」*、一九一三年五月二四日執筆、中第二五三七号「予備役海軍機関中佐飯森正芳の行動に関する件」、一九二三年七月一〇日。

「朴念心より」、一九一四年一〇月九日執筆、岡田播陽「三昧楼日記 酔人醒人」所収、『大阪経済雑誌』第二二年第一〇号二二頁、一九一四年一〇月二五日。

「正芳神より」、岡田播陽「三昧楼日記 酔人醒人」（続）所収、『大阪経済雑誌』第二二年第一一号一五頁、一九一四年一一月二五日。

「このみち発刊の辞」、『このみち』第一号、一九一六年四月一一日。

『おほもとのをしへ』（非売品）、本文二二頁。発行者は京都府何鹿郡綾部町三一番地 出口王仁三郎方 飯森正芳、印刷者は大阪市西区長堀南通三丁目五三加貫重一、一九一六年六月一六日。

「高田集蔵」、一九一七年六月一〇日執筆、全文が高田集蔵「鳳遊記（新生会にて）」に引用される。

「神生の結晶」、『聖女光子之声』五四二-五四三頁、誠文堂、一九一七年一〇月二三日。

「如来の體験者」、『宮崎帝子』四七-五〇頁、神生教壇、一九一八年一〇月一九日。

「あとがき」の一つ、一九一九年一月二三日執筆、三浦修吾『教育者の生活と思想』九七頁、大同館書店、一九一九年八月三一日。

「失業者の歌」*、未完成、一九二〇年執筆か。

「進まんかな 進まんかな」、一九二〇年一二月二四日執筆、『異邦人』第二巻第一号二頁、一九二一年一月一七日。

「♀」*、一九二一年六月二八日執筆、中第一〇七三号「飯森中佐の行動に関する件」、一九二三年三月一四日。

「太陽下の悪魔」*、一九二三年二月一四日執筆、中第一〇七三号「飯森中佐の行動に関する件」、一九二三年三月一四日。

「詩一首」、一九二三年二月一〇日執筆、馥泉訳、『民国日報』副刊『覚悟』一九二三年二月二〇日。

「夜」、『矛盾』第一巻第三号、二五頁、一九二八年一一月一日。

「さらまんだ（一）」、『ニヒル』創刊号、一九三〇年二月。現物未見。

題名不明、『三千年』（原題『色即是空』）通冊号第六冊、一九四一年二月一〇日。現物未見。

「降参党宣言」*、十項目からなる文章、一九四六年三月一日執筆か、どこで発表したかは不明。現物未見。その一部が寺島珠雄「おもしろがり屋報告（三）」に引用される。

辻潤追悼文、一九四六年七月一〇日執筆、『無風帯社ニュース』第二号、一九四六年九月五日。

乙　それ以外のもの（五十音順による）

『秋田雨雀日記』、全五巻、尾崎宏次編、未来社。本年譜に使用されたのは第一巻（一九六五年三月刊）と第三巻（一九六六年二月刊）である。「刊行のことば」によると、カットしたところがある。日記の原本は近代文学館に所蔵。

暁烏敏「講習会の頃」、一九三二年八月二六日執筆、『汎濫』一九三二年七年九月号／一九六〇年刊『暁烏敏全集』第三部第二巻二三二－二三五頁、暁烏敏全集刊行会編、香草舎。

暁烏敏「視力減退」、一九三三年九月一四日、『汎濫』一九三三年年九月号／同上二八四頁。

暁烏敏「還暦記念会」の「二、祝賀晩餐会」、一九三七年六月一〇日執筆、『願慧』一二年七月号／同上第三部第四巻二三〇－二三七頁。

『暁烏敏日記』下、暁烏敏顕彰会、一九七七年。

飯森正則書簡*、飯森正芳宛、七六通あり、伊藤正子所管。ほとんどは葉書である。投函時期は一九二五年一二月二三日から一九三五年一二月二五日まで。

『石川県立金沢第一中学校一覧』（大正四年度）、石川県立金沢第一中学校、一九一六年四月三〇日。

『石川県鳳至郡誌』、石川県鳳至郡役所発行、一九二三年二月／名著出版による翻刻、一九七三年一月。その第四、第一三、第一五、第三一、第三六章の教育、小学校に関する記述を参照。

井箆節三「ユウトオピア物語——見れとも尽きぬ永劫の夢・人間共同の長夜の夢——」（下）、『中央公論』第三四巻第一〇号（秋期大附録）、一九一九年九月一日。

『異邦人』、一九二〇年四月、示野吉三郎らによって異邦人社が結成され、雑誌『端人』が発刊され、第二号からは『異邦人』と改題。同年一一月、異邦人社の示野らは新人会金沢支部と合流し、『異邦人』は当支部の機関紙とされた。その第二巻第一号（一九二一年一月一七日）、第三号（一九二一年四月一三日）、第四・五号合併号（一九二一年五月一五日）は法政大学大原社会問題研究所に所蔵。

エロシェンコ「落葉物語」、一九二一年末、上海でエスペラントによって執筆される。この作品の序に、作者が上海で二人の旧友と再会したと書いてあるが、その一人、チベットを夢みる人物が飯森正芳だと思われる。

エロシェンコ年譜、高杉一郎編『エロシェンコ全集』第三、みすず書房、一九五九年。

『大阪経済雑誌』、大阪経済社、一八九九年五月から一九一八年一〇月まで計二〇九号刊行。一八九九年第四号から第八年第四号と称されたがゆえ、最終刊行年の一九一八年は第二六年とされている。

『大本教の正体：正教歟邪教歟』、狩野力治著、国民教育会、一九二〇年九月一〇日。

岡田播陽「〝新しいき村〟の真住民」、一九一八年一〇月三日執筆、同氏『殺哲学』七三－九九頁、博文館、一九二〇年一月二五日。

岡田播陽「師友並びに本誌の読者」、一九一四年一一月二五日執筆、岡田播陽「三昧楼日記 酔人醒人」（続）所収、『大阪経済雑誌』第二二年第一一号所収、一九一四年一一月二五日。

『大本七十年史』上巻、宗教法人大本編、一九七四年二月。そのもととなる『大本七十年史資料』（原稿と討論の記録）が存在する。その飯森正芳などに関する記載内容は『大本七十年史』と異がある。

『開拓者』、日本基督教青年会同盟編、一九〇六年二月から一九五六年一一月まで計五二巻五二四号刊行。

『海軍機関学校一覧』（一九〇七年一二月）、海軍機関学校発行。

『海商三代の記録』、非売品、西村通男著、一九六三年四月一三日。

『海洋』、帝国海事会編、一八九九年一月から一九〇一年四月まで計一六号刊行。

『外事警察報』、特秘、内務省警保局編、ほぼ月刊。国立公文書館ウェーブで閲覧できる。紙質のものは不二出版の復刻版（六七巻別冊一、一九八七－一九八九年／補巻八巻別冊一、二〇〇〇年）がある。補巻第二巻三八頁、（第八号）補巻第三巻三一頁、（第一一号）補巻第三巻三四頁、（第一二号）補巻第四巻三七頁、（第一六号）を参照。

外務省・機密、ここでは日本国在上海総領事より外務大臣宛の機密文書をさす。現外務省外交資料館所蔵「外国人退去処分関係雑件、露国人の部」の一冊目にある「エロシェンコ関係」書類に所収。

官報、日本政府発の機関紙。

『化学的食養雑誌』、国民栄養協会、一九〇七年一一月から一九一九年四月まで計一三八号刊行、但し一九一七年五月の総第一二七号から誌名は『食養雑誌』に変更した。

機甲、海軍機関学校発の文書。

木原鉄之助「西田先生」、『新天地』第二〇巻第八号、新天地社、一九四〇年八月。

『救済』、大谷派慈善協会機関誌、一九一一年八月から一九一九年二月まで計九巻八一号刊行。不二出版による復刻版があり、二〇〇一－二〇〇二年。

『虚無思想研究』、一九二五年七月一日創刊、月刊誌、大正一五年三月四月合併号の第二巻三、四合併号まで、全九号。出版社は新声社内虚無思想研究社（終刊号は虚無思想社）、編集兼発行人兼印刷人は関根喜太郎（荒川畔村）、編集は辻潤、荒川、卜部哲次郎三人、実際は辻潤を中心にした雑誌である。

教育勅語に関する功労者表彰、『石川教育』第二〇〇号、一九二〇年一二月。その三四－三五頁「四、飯森正則」を参照。教普、海軍省教育本部長発の文書。

『九津見房子の暦――明治社会主義からゾルゲ事件へ』、牧瀬菊枝編、思想の科学社、一九七五年三月。飯森正芳関連内容は、牧瀬の「九津見房子さんの回想」(二)（『思想の科学』一九七三年六月号）と「九津見房子――冨の鎖を解き捨てて」（『季刊女子教育もんだい』第三六号、労働教育センター、一九八八年七月）にも見られる。

『軍事彙報』、軍事彙報社編、一八九八年一二月から一八九九年六月まで計八号が刊行。

『月刊日本』、行地社出版部編、一九二五年四月から一九三一年七月まで計三三号刊行。行地社は大川周明が主宰した国家主義団体。

『現代何鹿郡人物史』、藤本薫編、福知山三丹新報社、一九一五年八月。一二〇余の人物の略歴が書かれ、その一つは「大本教教監　海軍予備中佐　飯森正芳君　何鹿郡綾町字本宮」（一五八－一六〇頁）。中には飯森正芳の生母を真宗大谷派寺院誓運寺の住職中堂氏の娘としているが、誤りであろう。中堂賢了の長女はヨリといい、正芳の継母である。

『稿本　大本北陸五十年史』、津川春朗編、大本北陸本苑、一九七七年一〇月。その一七〇頁「余滴　飯森正芳」には、飯森正芳は「石川県立第一中学校を四年修了して横須賀の海軍機関学校に進み、優秀な成績で終えて海の護りに就いたが、トルストイに心酔して戦争罪悪感を抱き明治四十一年現職を退いて予備役となり、大正四年の春大本を訪ね本部を中心に活躍されたが、遂に同化し得ず大本を退くのやむなきに至った」と書いてある。

『極秘　明治三十七、八年海戦史』、このシリーズは計一二部、海軍軍令部編纂、一九〇五－一九一一年。第五部「施設」の第一一篇「旅順口鎮守府の施設」の第七章「旅順口海軍工作廠」を参照。そのもとと思われる手書きの『海戦史』もある。

『このみち』、大本根本学社機関誌、編集者は飯森正芳である。第一巻第一号は一九一六年四月一一日発行、月三回、第三回から『敷島新報』第二九号と合刊、第一四回まで。

呉朗西「飯森正芳先生を憶う」、原文は中国語、題名は「飯森正芳先生及其他」（飯森正芳先生及びその他を憶う）、上海市編輯学会『編輯学刊』一九八六年第二期、学林出版社。呉文の一部は、藤井省三「ある中国語教官の昭和史―若き巴金との出会い、別れ、そして忘却—（第一二回）」（『東方』一一五号東方書店、一九九〇年一〇月）に引用文として邦訳されている。

『三千年』、カリ版雑誌、西山勇太郎編、一九四〇年四月二五日創刊時の題名は『色即是空』であったが、第五冊から『三千年』と改題、一九四一年一二月刊第一〇冊の廃刊記念号をもって終了。寺島珠雄「カリ版雑誌『色即是空』と西山勇太郎のこと」（『日本古書通信』第五九巻第一二号、一九九四年一二月）による。

『敷島新報』、大本機関誌、その前身は『直霊軍』（一九〇九年二月一五日創刊）。第一号は一九一四年八月一五日発行、但し第二九号から『このみち』と合刊、月三回となり、一九一六年一二月二一日終刊、合計四二号。

『思想犯罪篇』（世界犯罪叢書第一巻）、松谷与二郎著、天人社、一九三一年一月三〇日。

渋六「神々の行末」、渋六は貝塚渋六、堺利彦のこと、『へちまの花』第一〇号、売文社、一九一四年一一月一日／『堺利彦全集』第四巻二三四－二三五頁、中央公論社、一九三三年。

渋六「しぶ六より木華子」、岡田播陽「三昧楼日記 酔人醒人」所収、『大阪経済雑誌』第二二年第一〇号二一頁、一九一四年一〇月二五日。

『職員録』（甲）明治四四年、印刷局。一九一一年現在各官庁主要なる職員を纂録したもの。

『神霊界』、『敷島新報』（『このみち』との合刊）から改題された大本機関誌、一九一七年一月一日刊のものは総第四三号、月刊、但し一九一八年三月一日刊の第五七号から月二回、一九二〇年一月一日刊の第一〇一号から月三回、一九二〇年一一月一一日刊の第一三一号から月一回、一九二一年六月一日刊一三八号を以て終刊。

水練教、海軍水雷練習所発の文書。

杉本誠「ウラヤマに山を見た辻まことの山と人生」、『山と渓谷』第六二九号、一九八七年一二月。辻まことと飯森正芳の関係について、ほかに布川欣一「辻まこと〝山からの絵本〟」（『山と渓谷』第六四八号、一九八九年七月）、西木正明「夢幻の山旅」第四回（『中央公論・文芸特集』復刊第七巻第四号、一九九〇年一二月）、平山周吉「〝自由〟を思い続けた父子」を参照。

『鈴木大拙全集』第四〇巻、岩波書店、二〇〇三年一二月。その「年譜」を参照。

須磨、須磨艦発の文書。

『聖女光子之声』（非売品）、遠藤俊治編、発行所は神生教壇、発売所は誠文堂、一九一七年一〇月二三日／翻刻『聖女光子の声』（叢書『女性論』一四）、山崎朋子監修、大空社、一九九六年一月。なお、一九三三年年九月刊、編集者川合幸信、発行者中村有楽の『光子の声 其他』（非売品）は『聖女光子の声』全内容所収。ただ「付録 光子女子に於ける諸家の感想」において著者名はすべて実名からイニシャル表示に変わっている。

『大地の母』、上中下三巻本、出口和明著、（株）いづとみづ、一九八二－一九八三年。一九六九－一九七一年、毎日新聞社刊の同じ書名の一二巻本を、中心軸を出口直から王仁三郎に変えて全面的に加筆訂正したもの。

高田集蔵「飯森正芳兄より」、一九一五年一一月、『高田集蔵文集』第三集四二-四六頁。その文中、飯森正芳より高田集蔵宛の書簡二通が引用されている。一通は一九一五年六月一一日に書いたもの、もう一通は同年一〇月上旬に届いたもの。『高田集蔵文集』、高田集蔵著書刊行会発行。本年譜は、もと『村落通信』の掲載文を一部選んで載せた第一集から第四集を参照。第一集は第一七号（一九一二年九月）から第三七号（一九一三年一二月）、一九八四年一〇月刊行、第二集は第三八号（一九一四年一月）から第六三号（一九一五年一月）、ただし一九一五年一一月二八頁のものなども入っているよう、一九八五年四月刊行、第三集は第六四号（一九一五年一月）から第八六号（一九一六年三月）、一九八五年一〇月刊行、第四集は第八七号（一九一六年三月）から終刊号の第一一九号（一九一八年五月）、一九八六年四月。

高田集蔵「飯森正芳神」、一九一四年五月、『高田集蔵文集』第二集七〇-七一頁。

高田集蔵「河内聖人——神様の片影」、一九一五年三月、『高田集蔵文集』第三集二一-二三頁。

高田集蔵「停掃録（其の三）」、一九一五年五月、『高田集蔵文集』第三集三一-三三頁。

高田集蔵「雑記帳より（一）」、一九一五年三月、『高田集蔵文集』第三集二四-二七頁。

高田集蔵「日記抄（一）」、一九一六年六月、『高田集蔵文集』第四集三一-三五頁。

高田集蔵「鳳遊記（新生会にて）」、一九一七年六月、『高田集蔵文集』第四集八一-八三頁。

高田集蔵「まぼろし」、一九一七年九月、『高田集蔵文集』第四集八九-九三頁。

高田集蔵「村田通太郎兄より」、一九一六年二月、『高田集蔵文集』第三集九四-九八頁。

武林無想庵「羨ましい辻潤」、『日本国民』第五号二三一-二四二頁、日本国民社、一九三二年九月。

千代（千代普と千代秘）、千代田艦発の文書。

中、在郷軍人会発の文書。

辻潤「Mの出家とIの死」、一九三〇年五月執筆、『読売新聞』／『辻潤全集』第二巻一六三頁、一九八二年六月。

辻潤「交友観」、『作品』第二巻第七号「作家・批評家・画家・ジャーナリスト交友録」所収、一九三一年七月。ここでは玉川信明編『辻潤選集』（五月書房、一九八一年一〇月）による。

『辻潤への愛　小島キヨの生涯』、倉橋健一著、創樹社、一九九〇年六月。その拠り所の一部は小島キヨ（清）が書いた日記である。

寺島珠雄「おもしろがり屋報告（三）——足立巻一、飯森正芳、奥村久美子、佐江衆一、池田みち子、三国章」、『新日本文学』一九八三年一〇月号。文中には「降参党宣言」の「筆者は飯森正芳、元海軍中佐だが大杉栄のフランス密航のときは上海にいて何がしかの手助けをしたとも伝えられる。大本教に入信したり辻潤などと親しかったりで、太平洋戦争後の不明の時期に能登海岸の漁夫小屋で死んだという。右の宣言は戦後すぐの一九四六（昭和二一）年三月一日付である。」と書いている。

寺島珠雄「朔太郎の手紙一通をめぐって」、一九四三年七月三一日執筆、『政治公論』第五八号二七三-二八〇頁、一九六九年二月。同関連内容は寺島珠雄の「辻潤、拾遺抄―晩年の執筆を主として」（『現代の眼』第一七巻第三号二八八－二九七頁、一九七六年三月一日）と「風間光作と辻潤」（『日本古書通信』第六一巻第五号二六－二七頁、一九九六年五月）にも見られる。

『東北日記』一之巻、月の家（出口王仁三郎のこと）著、天声社、一九二八年八月。

とよたま愛読会五一回記、某『霊界物語』読書会の記録。閲読内容：『霊界物語』六四上巻一三章〜巻末章、記：塩津晴彦、日時：二〇〇〇年一二月二四日（日）午後一時から午後四時三〇分まで、場所：愛善苑豊玉分苑（川崎方）。飯森正芳は『霊界物語』中で、蠑螈別と守宮別の二人の登場人物のモデルにされている。

中村伯三「飯森正芳という快男児」、『北郊文化』復刊第六号、南北社、一九九六年二月。一九九九年刊『対酒―中村パク三』（私家版）所収。

『ニヒル』、一九三〇年二月創刊、第三号まで。秋山清著『ニヒルとテロル』（ヒューマン選書）（川島書店、一九六八年）四〇頁による。

『母と私―九津見房子との日々』、大竹一燈子著、築地書館、一九八四年八月。

平山周吉「〝自由〟を思い続けた父子」、『新潮45』二〇一三年四月号。

『広島古代史の謎』、広島郷土史研究会編、一九八一年七月。

福嶋久子「顕幽出入談」、『神霊界』四回連載、第一回は一九一八年三月一五日刊第五八号、第二回は同年五月一日刊第六一号、第三回は同年五月一五日刊第六二号、第四回は同年六月一五日刊第六四号に掲載。

『仏門に入りて』、宮島蓬州（宮島資夫のこと）著、創元社、一九三三年一二月一〇日。

『放浪のダダイスト辻潤』、玉川信明著、社会評論社、二〇〇五年一〇月。

間庭末吉書簡、一九二二年九月二〇日、片山・ヴォイチンスキー宛の英語書簡。ここは、黒川伊織著『帝国に抗する社会運動――第一次日本共産党の思想と運動』（有志舎、二〇一四年一一月）一七七－一七九頁による。なお、高警第七〇七号「上海に於ける過激主義大同協会組織」（一九二二年三月三日）中では清水一衛も記されているが、飯森正芳の名は出ていない。

宮飼陶羊「綾部生活の思い出」、一九二一年三月五日執筆、『変態心理』第七巻第六号、一九二一年六月。『変態心理』は月刊誌、日本精神医学会編、編集主幹中村古峡。本年譜は一九九八年一一月刊大空社復刻版『変態心理』第一四巻七八一－八二九頁による。宮飼陶羊は宮飼慶之と同一人物である。

宮飼陶羊「余が綾部生活の二年」、一九二〇年一〇月三一日執筆、『変態心理』第六巻第六号、一九二〇年一二月。本年譜は一九九八年五月刊大空社復刻版『変態心理』第一二巻による。

宮飼慶之「桑の葉の茂る頃」、計一七節で『神霊界』六回連載、第一－三節は一九一七年四月号、第四－五節は五月号、第六－七節は六月号、第八－一一節は七月号、第一二－一四節は八月号、第一五－一七節は九月号に掲載。文中の植村正義は飯森正芳のこと、幸一は宮飼慶之のこと、猪瀬（伊之瀬）管長は出口王仁三郎のこと、永田は高田集蔵のこと、藤田は岡田播陽のこと、石原預言者は宮崎虎之助のこと、小澤多喜三郎は洋画家のこと、あさ子は福嶋久子のこと、水野は浅野和三郎のことである。

『宮崎帝子』、村田通太郎編、神生教壇、一九一八年一〇月一九日。一九三三年九月刊、編集者川合幸信、発行者中村有楽『光子の声 其他』（非売品）に所収、ただその部分のタイトルは『絶對預言者を産み奉れる生母テイ刀自』と変わり、おのおのの文章の著者名はほとんど実名からイニシャル表示に変わっている。また、泉川鷹男著「聖母の霊光を浴びて」一文は入れてない。

『宮嶋資夫著作集』第七巻中の「遍歴」、慶友社、一九八三年。『遍歴』は単行書として一九五三年慶友社により刊行されている。

『民国日報』、一九一六年一月二二日上海で創刊、幾度停刊復刊を経て一九四七年一月終刊。『覚悟』はその副刊の一つである。

『むさうあん物語』、作者武林無想庵、筆記者武林朝子、無想庵の会。彼の死までに第一から第二一が刊行された。この間、失明した無想庵の口述を後妻の武林朝子が筆記した自伝を掲載。その他、旧稿の再録もあるよう。發見の原稿の見附かる限り刊行が続けられ、第四五を出して終刊した。ここではその一三（一九五九年八月一五日刊）と二一（一九六二年三月二〇日）による。なお一三の四〇〇‐四五二頁「銀座を見捨てる」を題にしたもの。

『矛盾』、一九二八年七月、宮嶋資夫が中心になって創刊された雑誌で、編集者は五十里幸太郎。

『無風帯社ニュース』、ガリ版、西山勇太郎編集、二号だけ。寺島珠雄著「西山勇太郎の「辻潤追悼」―復刻に代える抜粋」（『虚無思想研究』第五号七‐一六頁、一九八四年七月）による。

鳴球「入信の径路・参綾の動機――総務浅野和三郎（茨城県四六歳）」、『神霊界』第七八号二八‐三三頁、一九一九年一月一五日。鳴球は岩田鳴球、本名は久太郎、一九一八年大本入信、のち総務、機関紙編集長となる、一九三六年第二次大本弾圧のため獄死した。

『山鹿泰治――人とその生涯』、向井孝著、青蛾社、一九七四年。その出典の一部は山鹿泰治が書いた「たそがれ日記」（未公開）である。

山鹿泰治「無政府主義修業」、『平民新聞』第四九から七二号まで、計二四回（第五回は二回あるので第二三回まで）連載。『平民新聞』という名を使った新聞は複数あったが、ここは戦後、日本アナキスト連盟機関報であって全一五四号。その復刻版は『戦後アナキズム運動資料』一（緑蔭書房、一九八八年）所収。「第四回 夢と現実の間」は一九四七年一二月一二日刊の第五二号、「第一四回 強権主義の道徳」は一九四八年三月五日刊の第六三号に掲載。

『有終』、海軍有終会編、一九一三年一二月から一九四〇年一二月まで計二八九号刊行。欠号もあったようで、最終号は第三二五号となっている。

吉田庄七「若き時代の面影」、西川光二郎遺著『入神第一』pp 一九五‐一九八、原重治編輯監修、子供の道話社、一九四一年一一月一日。

吉永進一「近代日本における神智学思想の歴史」、日本宗教学会『宗教研究』第八四巻第二輯（スピリチュアリティ特集）、二〇一〇年九月三〇日。

吉永進一「神智学と日本の霊的思想（二）」、舞鶴工業高等専門学校、情報科学センター年報『舞鶴高専紀要』第三七号、二〇〇二年三月。

吉永進一「明治期日本の知識人と神智学」、川村邦光編著『憑依の近代とポリティクス』（『日本学叢書』①）第三章一四〇‐一四二頁、青弓社、二〇〇八年。

(2)年譜に掲示されていない参考資料（五十音順による）

『海軍制度沿革』、海軍省編。参考したのは：巻二、一九三一年、原書房一九七一年三月復刻原本／巻四(上)(下)、一九三九年、原書房一九七一年一一月復刻原本／巻六、一九四〇年、原書房一九七二年二月復刻原本。

『海軍兵学校 海軍機関学校 海軍経理学校』、財団法人水交会、秋元書房、一九七一年六月。その「海軍機関学校の歴史」八八‐九三頁と二一〇‐二二三頁を参照。

柏木隆法「宮崎虎之助・光子の生涯」、『禅文化』四回連載、二〇〇〇年一〇月二五日刊第一七八号、二〇〇一年四月二五日刊第一七九号、二〇〇一年四月二五日刊第一八〇号、二〇〇一年七月二五日刊第一八一号。第二回一〇四‐一〇五頁と第三回八七頁を参照。史料の多くは『聖女光子の声』によるが、間違ったところもある。

『金沢一中・泉丘高校七十年史』、一九六三年一〇月。三五‐五二頁を参照
『金沢市教育史稿』、石川県教育会金沢支会、第一書房、一九一九年四月／一九八二年三月復刻。第一三節「共立尋常中学校 私立大谷尋常中学校」と第一四節「石川県尋常中学校 石川県第一尋常中学校」（二七〇‐二七四頁）を参照。

呉念聖「呉朗西と飯森正芳―一九二〇年代中日知識人交流の一事実」、関西大学アジア文化交流センター・浙江工商大学日本文化研究所『東アジア文化環流』第三号、二〇〇九年一月。

呉念聖「呉朗西と中村有楽・伯三父子―昭和初期の一中国人留学生と日本人との交流に関する調査」、早稲田大学法学会『人文研究』第四六号、二〇〇八年二月。

呉念聖「〝思想遍歴屋〟飯森正芳――ある明治知識人の弛まざる追求」、早稲田大学法学会『人文研究』第四七号、二〇〇九年二月。

呉朗西「内山さんをめぐる二つの回想」、内山書店『季刊？·其山』一九八五年秋号。

『図説 穴水町の歴史』（町制施行五〇周年記念）、図説穴水町の歴史編纂委員会編集、穴水町役場、二〇〇四年一一月二九日。

田中貢太郎「豫言者宮崎虎之助」、同氏『奇跡怪談実話』(『明治大正實話全集』第七巻)、平凡社、一九二九年一一月。史料の多くは『聖女光子の声』による。

「〝狄嶺文庫〟発掘(二)—堺利彦・山川均の書簡—」、岡崎一著、『彷書月刊』第二巻第四号、一九八六年三月。文中、一九一六年八月二四日、堺利彦の江渡狄嶺宛の葉書に、飯森君(飯森正芳)がウズメの命(飯森の妻)と同道で訪問された時、寄せ書の葉書を高田君(高田集蔵)に送った事が書かれている。

中村伯三「私とエスペラント」、『エスペラント』第五八巻第一一号、一九九〇年一一月。

『日本海軍史』、海軍歴史保存会編、一九九五年一一月。その第五巻「部門小史」を参照。

『霊界物語』、全一四輯、出口王仁三郎著、霊界物語刊行会編纂、八幡書店、一九八九-一九九二年。これは出口王仁三郎口述、筆記した物語。開祖出口なお(直)の大本神諭と並ぶ同教団の根本教典の一つとされている。飯森正芳はその物語の中の「蠑螈別」や「守宮別」のモデルとされているようである。第三輯の第一五、一七巻、第八輯の第四四、四五、四六、四八巻、第一一輯第六四巻を参照。

付録

飯森正芳文集

各文章を所載する出典などに関する情報は「参考資料一覧」を見よ。

鉄鎖を礼拝する奴隷

1　凧には糸、そしてその糸を持つて凧を操縦するひと。船には重荷、そしてその荷を預つて船を運用する船長。奴隷には鉄鎖、そしてその鎖の鍵を持つて奴隷を働かす主人。凧も船も奴隷も凡て人が作つたのだ。

2　奴隷の形は人に似ておる。そして人間に似た言語動作をする。鉄鎖から解放されると何だか寂しい。鉄鎖を大切にすると衣食住が得られる、そしてこれを礼拝すると一層立派な衣食住が得られる。自由よりも平和が善い、人類社会より国が善い、家庭が善い、それよりも猶自分の命が善い、命あつての物種子だ、そして命は鉄鎖に依つて保護されてをる、少し位の不自由は是非生活に必要なんだ。糸の切れた凧は落ち、積荷のない船は転覆する。服従第一、平和第一、安全第一、これが生活の三宝だ。成程さうだと奴隷が言ふ。測り知られぬ蒼空や大地に餌を求めて飛び廻るよりは美しい籠の中で行届いた監督と親切な取扱を受けて、立派な文化的な餌を居ながらにして食べ、そして機嫌よく囀づつてをればそれでよいのだ。誠に生の極致、幸福の極致、そして道徳の極致であると奴隷は言ふ。

3　俺は軒端に繋がれて、主人の所へ来る変な奴や、挙動不審の通行人に吠えてをればそれで善いのだ。

さうすりやビフテキの残りもパンのかけらも何不自由なく当る。放浪して犬殺しに撲殺されるよりは遥に善い、これといふも全く此の鎖のお陰だと言ふ。嗚呼此の鉄鎖！　これぞ世の真善美！　神の中の神、仏の中の仏、いと強き主人、いとも温情に富めるお上である。鉄鎖を礼拝し鉄鎖に感謝することが唯一にして無二の覚醒であるさうだ。これさへ身に着けてをれば人生は決して寂しくない。逃亡囚が或夜見た「夢」をざつと記せば先づこんなものである。

明治39年4月18日　　　　　　飯森正芳

偶　感

横須賀市　飯森正芳

本年一月二十八日横須賀の良長院に於て化学的食養講話会が開かれまして会員岩村栄吉君から出席してはどうかと云ふので出て見ましたところが岡部院主立花理事始め諸兄姉の熱心なる実験攻究談が図らずも年来私の胸中に蓄られたる或物を燃焼するところの導火線となつたのであります私は一も二もなく大賛成にして即日食養会に飛び込まして貰ふた次第であります会員としては極めて新参者でありますが、それでも食養の有難事に就て二つの実験を有して居ります、一つは私の近所に住居する知合の職工の子供で十一歳になる女の子ですが昨年の六月頃より何となく気分勝れず学校に行くのも大儀になり食物も進まず通じも有つたり無かつたりして体はだんだん衰弱するばかりそれで親達も貧しい中から売薬などを買つて一日一日と送つて居りましたが益々衰弱するばかりこれではいかぬと云ふので昨年の冬やうやう近所の医師に診て貰つた所がこれは余程手後れだこれは立派な腹膜炎であるまあ仕方がない。これから硬いものや堅いものは無論粥等もあまりたべてはいけない、牛乳と卵の半熟で養生しその上この薬を腹に塗りこの粉薬と水薬をきちんきちんと飲んで静に養生しなくてはいけないと云ふので親達は大に驚き着るものを着なくても三杯の飯を二杯に減じても薬料と牛乳代だけは支へなければならないと一生懸命に行つて居りましたがどうもいけない。本年一月に入りて医師はとうとう例の匙を抛げて両親に因果を含めると云ふ仕末まで運んだのであります。病児も時々高い熱が出たり引込んだりして時には虫の息になつて呻くことも折々ありました

時なるかな丁度其時私が食養の講話を拝聴しましてこれは善いことを聴た直に実行するに若かずと思ふ思ひも待たずして私一家族の実行は無論彼の知合の職工にも話して何でも人は必死するものである死するものなら善いことの実行が早速行つて善いことである況して医者が匙を抛げた子供である序に生死を放り出して私の言ふことを実行してはどうかと勧めましたところが早速聴て呉れまして即日牛乳、卵子、牛肉、鳥のソップ医薬を全廃し玄米のソップ大根卸、醤油、胡麻鹽、玄米半交ぜの御粥と言ことに改めましたところが下（不の誤りか）思議にも（否不思議ではないこれがあたりまへ）一週間たたぬ間に気分が良くなり食欲がつき通じが正しくなり笑顔が出る様になり二週間目位で歩行して私の家等へやつて来ると云ふ次第そうなると親も子供も私否食養を信ずる様になりそこで益々癒りが速く今ではそろそろ手の肉が目立つて付いて参りポーんと張つて居た御腹も細く柔くなり先づ腹膜炎は退散した様な始末であります今迄申述べた法は腹膜炎に対する食養的治療の処方と違つて居るかも知れませぬがこれはまだ私の入会日尚浅く腹膜炎の処方を承らぬ前ですから仕方がありませんことですが兎に角前に申した簡単な方法で直つた事実だけを御汲み取り被下様願ます

もう一つの御話はこれは私の子供に就ての話であります昨年の五月生れました子でどうも通じが旨くいかぬ、どうしたらよいかしらぬと色々知人や医士に聞て見ましたところがそれはグリスリンの灌腸をやつた方が良いと云ふのであの瓶に這入た銀紙張りのグリスリンの棒を絶えず買つて来て置て一昼夜半以上も通じがないとそれを肛門より挿し込みまして通じを促して居りましたがそれもだんだん行つて居ると時には挿し込んで二時間以上も通じが出ないこともあり又灌腸が癖になつてこれをやらぬと通じが

無いどうもこれも思はしくなかつたのでありますが食養会に入りましてからは時日も浅いのですが毎日通じが一回或は二回もあり而かも黄金色の上等のものが現出すると云ふことになり大に喜んで居るのであります

私が食養会に這入りましたことに就て同僚の中には盛に攻撃否忠言をして呉れるものが少なからずあるのであります、その重なるものは我々今日日進月歩の科学的知識を養成して欧米諸国の文明人と競争して行かねばならぬものが大根や牛蒡や人参や米ばかり食つて牛乳や卵や牛鳥肉の滋養物を取らなかつたならば脳の働きが鈍くなり理解力や判断力や記憶力が減るからそんな変梃な旧式なことはよした方が善いと云ふのでありますが、この忠言は忠言にして忠言にあらず事実前述の様なことが少しも無いのみならず却て頭が清々して体や頭をいくら使つても今迄の様に疲れもせず起きても愉快寝ても愉快食ふても愉快否旨く玄米の味は津々として妙へなること言語に絶すと云ふ塩梅これは慥にホントの食であると云ふことは舌も身も心も精神も等しく証するところであります元来私は牛や鳥や肴を食ふのは可愛相であると云ふところから余り食べぬことを主張して居つたものでありますが会に入りましてからそう云ふ抽象的ことよりも一層確実なる具体的の方面より肉食の不自然なることを知つた次第であります、これは推理でもなく研究の結果でもなく又信仰でもなく言はば直覚的真理であります、こう云ひますと真理は人以外のものの様に聞えますが真理即人一層適切に言えば我即真理、真理即我、我即他人、他人即我であります、近来の思想界は漸次自我の絶対価値を認むる様になつて来ましたが認めるだけでは仕様がありませぬ又反対に自我の微小なることや罪深きことを認め修養修養と八釜しく言ふて色々の教会や結社が出来、漸次向上進歩して神仏に近づこうとして居るものも甚だ沢山ありますが何れも此の肉身の整理操縦と云ふことを忘れて居るか左もなければ軽く視て居る人が多い様であります、此奇妙なる肉身が実に古来より謎であります或は真理を高遠なる所に求め或は卑近に探り而も中々に体得し得ぬのであります此奇妙なる肉体と宇宙とを結合するものは何でありませう現象界に於ては無論飲食物と空気であります扨て健全無病なる宇宙と常に調和を保つにはどうしたらよいでせうか、それは宇宙に従ふより外にはないのであります空気は自然に呼吸すれば大した間違はありませぬ赤ん坊の呼吸する空気も大人の呼吸する空気も別に変つたこともありませぬ又呼吸の方法も変りませんぬ近頃は丹田呼吸とか深呼吸とか云ふことが八釜しくなつて来ましたが健全なる人体は必丹田呼吸や体呼吸をやるに定まつて居ります病気のある人は肩で呼吸したり胸で呼吸したりまたせわしい呼吸をしたりするのであります、それですからつまり健全なる体にすればよいのでありますそれには飲食物の調和によるの外はないのでありますこれは年齢男女風土気候等に依て細心注意して摂取しなければならぬものでありますから大に間違も起り易いのであります天然に適ふ食物、即我々日本人の取るべき食物はなんであるかと云へば会の教の通り穀食であると信じます其外食政に関しては色々の細かい法がありますが先づ根本の大軌道は米食であると信じます、これは実に身神の承認する明道であつて此の道に依て人々は奇妙なる肉体の謎を解き自他平等即身成仏国家富強、世界平和の妙諦に達し得ること恰も横須賀行の切符を買て新橋より横須賀行の汽車に乗れば車中で本を読んで居やうか眠て居やうか話して居やうか間違なく横須賀に行くと同じであります

穀食主義は実に易行大乗道の切符であります余りセオリーが勝てプラタチースが負けても塩梅が悪くなりますからこれにて御免を蒙ります

十箇條の質問に対する回答

（原文は題名なく、この題名は編者がつけたものである）

海軍工機学校教官海軍機関少佐　飯森正芳

謹啓、寒威凛烈の候高堂益々御清適奉大賀候。次に小生無事俯仰罷在候間乍他事御放年《（ママ）》念下度候。陳者一月廿七日の相互新聞御恵投、菊花紋章に関する啓示御伝へ下され誠に難有忝く拝誦候。貴説全

然透徹了承、真に会心快心の至りに候。現時の宗教家は神を側面より評ひ、一人として正面より拝するものなしと仰せらるる事ども、一として会心ならざるは無御座候。

顕幽の本体一元にして之が発揮は相互、太陽は一元、光線は相互の活啓示、宇宙の事如斯、我国体亦如斯、我心身の生活亦々如斯、我を見れば我国体を知り、我国体を見れば宇宙の現象並に実相を知る、一連無端小極りなく大極まりなし。

（円が菊となり菊が球となり点となる図解省略）

斯くて十字出で、斯くし萬字出で、而して菊花の表章は無始無終一切調和大和帝国を示し居り候。今や貴説の通り其時と相成り候。今やあらゆる宗教思想大和日国の胃腸に消化せられ候。霊光発揮統一無離、七色合して一白となり、七音調和して妙なる楽を奏し候。七、五、三、零。

筆の行くままに斯くは御礼迄、謹言。（一月三十一日）

宣　言

一、人間は絶対不可侵の生命なり
二、人間は集合して、自由平等博愛の生活を営むべし
三、人間の生活を妨害する者は之を駆除すべし
四、衣食住は生活の本幹なり学芸と政治と宗教とはその枝葉なり
五、枝葉は機を見て剪除すべし
六、人間は異性異色老友幼文野を問はず凡て同等の権力を有すべし
七、人間の権力を迫害する者を敵となすべし

八、人間は敵と戦つて其権力を死守すべし
九、死守は生命唯一の表現なり
十、人間に階級無し政治には階級あるべし
十一、政治は常に人間に聴くべし
十二、人間は生産を共にすべし
二、五、二四　　飯森正芳

『朴念心』より　（この題名は掲載誌の編集者がつけたものである）

『朴念心』——偉大神
過日は大層御世話に相成、誠に洵に、御温情難有、深く感銘仕候、渋柿兄方にて、頻々たる御書拝見仕候、爾者変な方ですね、私は蛇を好きます、此間も大県の後ろの山で、奇麗な小蛇を見ました。宮崎預言者とは手を切り申候、
十月九日　　於東京　飯森正芳

『正芳神』より　（この題名は掲載誌の編集者がつけたものである）

（前略）仰せの愚弟定省は、今年二十一歳の青年に候、彼れの文展出品は、今年はじめてで、一向つま

らぬものに候、何彼と御指導をお願ひします。

歯牙完備の「髑髏」を一個お贈り致し候こは現時福岡孝悌子邸内に、改葬せる彼の源義朝の遺骨を発掘せし、小石川金剛寺旧墓地より掘出せしもの、即ち石棺内の大古甕中に、鎮座ましませしもの、種々研究の結果、多分元禄初期に於ける由緒正しき一武士のなれの果てならんとの事に候、胴体は四肢とも懇ろに改葬して、慇懃に供養をなし、此頭骨のみ住職より請ひ受け、宮崎予言者宅に祠り居り候処、今度宮崎と手を切り、西下に付き平素愛せる此髑髏をも伴ひ帰り候次第、即ち茲に謹で大兄の座右に贈呈致し候、

このみち発刊の辞

これからのこのみち（もとは縦書きで以上の四文字に傍点がある）によつて皆様に天地の生き神様の御教を御伝へすることとなりました。今迄の新聞と全く変りまして此世のつまらぬ出来事の批評をいたしましたり、又おもしろおかしく人情の機微をうつしだしたりして徒に皆様の御暇つぶし御慰に供する様なことはいたしませぬ。

どうしたら我々御互は惟神に正しき道を踏みて進むことができるか、どうしたら新国の成就に加はることができるか、どうしたら親子兄弟朋友和合して仲良き暮しをすることができるかといふことに専ら力を注ぎたいと思ひます。どうぞこういふ善一筋の道に進む手引となる様な皆様の御霊感をなるべく平易なる文章で御寄送頂きたいものであります。又こういふ意味に於ける演芸文詩歌等は御互の霊の開発上に中々大切なるものと存じますからどしどし送つていただきたいのであります。要するに此のこのみちを毎号綴て置いて根本学社の教育資料と致したいのであります。紙も印刷も精々改良して皆様の前に

提供したいと思ふております。どうぞこれから御気付の点は御遠慮なく御忠告くださいまする様御願いいたします。

勿論このみちは皆様のものであり御互に大日本修斎といふ無上の責任を担ふておることでありますから、何かと宜しく宜しく御願いいたします。

今迄大本教といふ名の下に神の道が演べ伝へられて参りましたが、これからは皇道大本といふことに改められましたから御承知を願います。大本教と申すと普通だいほんきやうとよびまして大正の天理教の様に誤解せられたり、又は何ぞ新しい一つの神道的宗教の様に取違をなさる御方が少なくはありませんので甚だ迷惑であります。大本は世界のおほもとであり皇道は惟神の実地でありますから、今迄の宗教や教育を見た眼を以ては見誤られやすいのであります。どうぞ共々に力を協せて此紙を活きたるものにいたしたいと思ひます。

なるべくうぶな素直な神ながらのものを載せることに致したい。以上発刊の辞として簡単に御挨拶を申し上げます　（飯森生）

神生の結晶

飯森正芳

我は神なりてふ超絶不退転の信念を以て死に至るまで勇敢に奮闘したる、予言者夫人聖光子女史の俤は、今尚髣髴として我眼底を去らざるなり、竃前に蹲れる女史、幼女に乳房を与ふる女史、演壇に路頭に熱叫福音を宣伝する女史、高山に攀登して四方の風景に歓語する女史、赤十字病院に神生教壇下の病床に安臥し、静坐して一意伝道に余念なき女史、其の爽かなる風晬、其の朗かなる音声、悉く神生デヴアインライフの結晶ならざるはなし、今や女史の肉殻は変生して復た相見ゆるに由なきも、その溌剌たる威霊は長へに我等の間に在り、一味涅槃の天地に悠遊して暗黒の地上に電の如く其の光を放射するを見る、語に曰く一粒の麦地に落ちて死なずば多くの実を結ぶ能はずと、女史の生や絶大の意義あり而してその死や亦無限の霊応あり、実にや聖女史は神にてありき。

聖光子女史の生死は王侯のそれに比ぶれば世人或は以て微なりとせん、されど此微さき生死、是れやがて全世界を焼き尽す聖霊の猛火と知る時あるべし、時来らざる前に、未だ見ざる前、信ずるものは幸なり。

如来の体験者

飯森正芳

聖母帝子刀自は、誠に私の眼には生き仏でありました、神の生活とは、誠に帝子刀自の御生活であらうと思ひます、その忍に於て、その愛に於て、その謙に於て、誠に自然の流露を見奉るのでありました、今や幽明其処を異にすと雖、いまここに瞭然たるものがあります、不可思議光如来の体験者、無言の大説教者、預言者を生育せられし刀自に対し奉り、私は衷心より讃嘆礼拝いたす次第であります。

刀自御手づからなる茄子の味噌汁、程よき軟かさに炊かれたる御飯、又汲みて差出されし御茶など、私には甘露味と申すよりも、誠に自然の良薬でありました、家族の者共も預言者よりは、又故聖光子女史よりは刀自を御慕ひ申しておりました、もとよりそは受くるものの根機によることではありませうが、誠に誰人の眼にも、自然法爾の御姿が映じていましたことと存じます。

刀自は毎月十二日を記念したまはれまして、亡き私の母の為めに浄花を供へ、香を焚き、念仏三昧に入りて、親しく供養したまはれしことを深く感謝いたしております、誠に嬉しう存じます。

久し振りに教壇に詣でて、刀自に御目にかかりし時など、「此頃飯森さんはどうして居られるかと御噂をしておりました」といつも優しくおつしゃつてくださいました、時には御老病の御床の中より匍ひ出でられて、御髪《ぐし》を繕はれて、そして色々優しく御話をしてくださいました。

さて、これらは人の世に露れたる御温情の一端でありまして、斯くの如きことを申述ぶることは却て大徳を損ふことに相成るやもしれませぬ、私は今しきりに、その徳本に憧れています、かばかりの尊い美はしい御心情の発露する本源、即ち御信念、御自覚を御慕ひ申して居ます、今やすでに刀自は霊体に渡らせられます、唯通ふものは霊であります、ロゴスであります、神仏であります。

（原文は題名なく、この題名は編者がつけたものである）

あとがき

「天職」拝読、感銘するところ有り候まま、幸本日父の満六十歳還暦の祝賀を催ふし、郷人七十余名集会せらるるを機とし、一同の前に「天職」朗読、聊か私の所感をも開陳仕度考居り候。

其後以外のご無沙汰に打過ぎ申候、往日参堂仕り御座敷御机のほこり光景眼底に印刻せられおり候もの、折々御光姿と共に浮び出で、遥に偲びあげ参らせ候事に候。あなかしこかしこ。

一月二十三日

飯森正芳

進まんかな 進まんかな

飯森正芳

地に来りて茲に四十有一年、多くの人を見たり又その知識と称せらる、多くの産物を見たり老病死貧富禍福と呼ばるる多くの現象を見たり。曾て地に神仏あり悟道ありき多くの人依つて以てその生を歩みき、今や神仏死し悟道去る人は只その残骸を擁するのみ。

善あり徒あり美あり、されど人は只その概念に止住するのみ、此の念時に固結して多くの国と家とを形成す。人その中に在り営々として善悪を呼号す。絶えてそこを出でて故郷に旅立つことを知らず、古き神仏に地上の人を化して悉く善人となしたり。夫れ善人とは何ぞ止ることを知つて進むことを忘れたりものなり、教ふることを知つて尊ぶことを忘れたるものなり。人皆悪を嫌ふ故に一善を得れば堅く執つて動かず遂にそれを枕として眠り終生覚むることなし（もともと削除された間隔がある）その囈言なり夢なり（もともと削除された間隔がある）その囈言なり幻なり。彼はかつて、釈迦と呼ばれし時寝静まれる宮殿を飛び出し、孔子と呼ばれし時凝結せる郷党を脱出し、耶蘇と呼ばれし時、化石せる人間の墓地を去つて十字架に走りし彼等は今再び彼の同胞を訪問すべく地上に来れり。されど、誰も気付かず眠り依然として酣なり、唯僅かに社会革命者と称する一団あり漸くその眠より覚めんとす、見よ、その頭上には剣の山あり足下には血の池あり、右には悪の海左には死の河あり、見よ彼は今静かに彼等の枕辺を歩行するなり。

進まんかな、進まんかな。彼は来らむとする彼の同胞を呼ぶなり、彼は死人の間を行く、彼は死人顧みず彼は死せる社会に奉仕し又、死屍を鞭打つほどの仁者にあらず、彼は只管彼の道を急ぐ、人々はその何処へ行くを知らず。

彼は叫びつつ行く、見よ。今彼は日本語を以つて語るなり、よく嫉むものは幸なり。そは進みて遂に天国に到ればなり。よく疑ふものは幸なり、そはやがて喜ぶことを得ればなり。神仏奇跡を顧みざるものは幸なり。そは常に独立して歩行すればなり。善思に止まらざるものは幸なり、そは悪行に悩まさることなければなり。闇は停止し光は進行す、光を慕ふものは立つて窓を開く、金言の山を出でて無言の平野を往く、平野を過ぎて山道に入る自由の名はその肉体に付せらる。（九、一二、二四）

♀

法律とは少数の権力者が自己利益の保護の為めに設定せし墻壁なり
民とは少数の権力者の奴隷なり
権力とは衰弱せる人間を携ふる契りなり
神仏とは人間の疲労せる時入りて休息すべく人間自ら作る仮宅なり
信仰とは人間休息の姿なり
衰弱せる人間の仮りに集合せるところを国家といひその小なるものを家庭といふ
（生活とは人間自体より発散する光熱なり）
（思想とは人体より発生する可燃焼瓦斯なり）
（科学とは生活の忠僕なり）
（哲学とは生活の批判なり）
（芸術とは生活の照り返しなり作品は即ち其鏡なり）
宗教とは教育の堕落せるものなり
教育とは人間衛生の方法なり衣食住の進歩なり

社会とは人間の表面なり生活の媒体なり
個人とは人間の裏面なり生活の本源なり
善悪とは時代の経緯なり時代は人間の衣なり
正義とは人間覚醒の姿なり主義とは自他覚醒の驚策なり無政府主義《アナーキズム》は火にして縦貫し集団主義《ボルセビズム》は水にして横流し真理は火水の十字架を負ふ真理とは人間の言葉なり
予言には新らしき労働を産む
新らしき労働は新らしき社会を創造す
新らしき紀元は預言者の出現により画せらる
預言者は栄冠を戴く王にあらずして荊冠を被る労働者なり、時代は預言者の労働を知らず
預言者の言葉は労働なり
労働者は財産を生す財産は労働を産むこと能はず故に財産は常に掠奪を伴ふ
恋愛は結婚を生す結婚は恋愛を産むこと能はず故に結婚は常に掠奪に伴ふ
預言者の言葉は預言者の恋愛なり
労働は性欲の表面にして恋愛はその裏面なり
一は社会的にして他は個人的なり

国家は食物を掠奪す此に戦争あり奴隷制あり不義の道徳あり偽の宗教あり禍の文明あり社会は食物を推譲す、万人皆人皆食物を得人間食物を得れば万事調ふ

人は働かずして食ふ事能はずこれ社会個人国家を通する原則なり働かずして食ふ時はその健康を害ふこれその証なり我何を為すべきかの問題を解かんと欲すれば先づ社会は何を要求するかを観取せざるべからず社会の要求するところ即ちこれ職業なり旧き社会には旧き職業あり新らしき社会には新らしき職業あり社会の交替するは春夏秋冬の如し新社会の来るはこれ天なり時命なり而して今は即ちその時なり天を知り天を告ぐるは予言者の職なり予言者に聴くは大衆の職なり予言者は社会を革命せんか為に出現

す社会の革命は即ち天なり予言者は天より来り天に還る予言者は法律を作らず政府を設けず唯独り来り独り去るところの革命の火なり予言者の姿は即ち「ナイヒリスト」なり

我は新社会の予言者なりこれ我職我生命にして即ち新民の為めに我命を捨つるなり我命はやがて万民の食物となるべし我肉体は旧き神秘と奇跡と迷妄とを破壊する爆弾なり我今静に我爆弾を運ぶ

千九百二十一年六月二十八日　於上海　正芳

（＊原文は句読点が施されていない。）

太陽下の悪魔

太陽の下に幾つかの国がありました、私は其中の一つ生れて行きました、其国にて人間一人も居なくて唯神様と仏様と猿だけが何千万と云う程沢山に住して居ました、

そして其の神様と仏様とが相談して、沢山の兵隊とお金とを拵へて猿達を働かし、自分達はいつも金殿玉楼といつて空気の流通の悪い日光の当らぬそれはそれは奇妙な家の中で、笙や太鼓や笛や声明の音楽を聞きながら沢山の雌猿を踊せて遊して居ました、猿と神様とはもともと種子が違つて居ますのでいつも喧嘩が絶へませんでした、しまいには神様は神通力を使つて半以上の猿を去勢しそしてそれらみんな兵隊にしてしまいました、猿達は何をしやうとしても自分を動くことができず、唯神様の差図通りに枝から枝へ飛び廻るだけでありました、其の国の隣りには兵隊はあまりいませんでしたが、人間が少し許り棲んで居りました、其人間達は金儲をすることが下手であつたためにとうとう其隣りの国にとられてしましました、又其隣りの国には少しばかり「聖者」と云う動物が高い山の中に棲んで居りました、そして其の山の下の広い広い野原には何億万と云う数知れぬ「人民」が朝から晩まで「えたい」のわか

らぬ「鬼」に血を吸ひ取られて居ました、わたしは人間と「人民」と云うものを永らくかかつて研究しました、そしてそれは猿よりは少し増だと思ひまして、私の生れた国を後にして旅行を始めました

然るに何処に行つても変な洋服を着た兵隊と変な形をした軍艦と云うものがあつて、沢山の車曳や豆腐屋や百姓や職工達をいぢめて居りままので、私は失望の極大河に飛込んでしまうかと思ひました、しかし此処にはいやな神様も仏様も居りませんので、もう少し生き長らへてせめて桃太郎の仇討をやらせやうと決心しました、

だんだん聞いて見るとどの国もどの国も悪魔といつてそれはそれは恐しい人喰鬼が王様になつて、いろいろの宗教とか哲学とか科学とかいふものを利用して戦争ばかりして居りますので、私はすつかり絶望してしまいまして、桃太郎どころか、一そのこともと来た処に逃げ皈らうと努力して見ました、しかし、どうしても本の道はわかりません、私は何処から来たかそんな事は一切わすれてしましました、私はどうする事も出来ません、いつその事○○（ママ）とかいふものを自分に抛げつけて私を粉微塵に砕いてしまうか、

私は気狂になりたい、私は気狂ひを見た、しかしどうしたら気狂になれるか、うんと酒でも飲まうか阿片でも飲まうか、しかしあの沢山の兄弟達がみすみす鬼の餌食になるのをどうしても見て居られやう、政治それも駄目文化それも駄目新しき村それも駄目新しき学校それも駄目芸術家、道徳家、教育家そんなもの何にする何になるあ、誰か私に沢山の○○（ママ）を呉れないか、一層のこと私は毒瓦斯以上の怨霊となつて、此世界を滅してしまわう、血を血を洗ふものは禍なるがなり、太陽下の悪魔はいつ宜しく怨に報えるに徳を以てすべしと、金鬼は叫ぶそんな甘言を許されてたまるか、孝も忠もすて鳥や雀の為めに一笑に付せられて居るてはないか、

猿達ほと憐れなものはない、しかし私は猿達に同情はしまい、同情は益々猿達を苦しめるだけのことになるのだ、私は永遠に彼の金殿玉楼とその中の鬼達を呪ふ、早く○○を持つてこい、広い世界に私と一緒に悩む気狂ひはないか、新らしき太陽を早々出よお、この陰惨な夜よ、私は悪夢に襲れているので

はないか、私自身が新らしき太陽をあると自信するには余りに光輝がないなぜ私はこんな賜くなつたのか、矢張彼の神仏様に祟られたのか、此上は是非もない、私はあの〇〇の処に往かう、そこには沢山の兄弟が待つて居る

一九二二、二、一四　於上海　正芳

（＊原文には濁点がなく、また仮名表記はすべて片仮名である。）

夜

飯森正芳

夜よ光なき夜よ汝の職務はあんこくなり
忠実に正直に汝の職にいそしめ
雨よ降れ月も隠れよ
唯よく夜に生きるもののみ正義を知る
正義は宇宙の生命我の意識苦難に対する勝利なり
夜、光あるは禍なり
家の禍、国の禍、人類の禍なり
唯夜を知る者のみ禍の幸福たる事を知る
夜よ暗黒なれ汝の職務に忠実なれ
夜こそ生命の試み
人よ嘆く勿れ、末法濁世第五の時代こそ正義の試み

爰に所謂真理と正義と忠実と正直とを哄笑する誉れあり、滅亡と頽廃と無義と絶望とを享
楽し観賞する光栄あり
歓楽の泉コトバの沈潜、民の目よ深く眠れよ
人よ絢爛たる幕を以て尚ほその上を掩蔽せよ
夜にしあれば、夜にしあれば

（一九二八、六、三）

辻潤追悼文

（原文は題名なく、この題名は編者がつけたものである）

飯森正芳

工場の仕事の忙しき中にコツコツ鉄筆の大努力、無風帯より吹き来るニユースはありがたし。四十年性に対して拱手傍観する姿は四十年荒野を漾へるモーゼにも比すべきか。さすがのメフイストフエレスも鉄筆に歯が立たぬものと見えたり。

ダダとは何ぞ、これ大戦乱悲劇の中に醸されたる奇しきアルコール性の液体か、はたまた天上より降れる白霜のやうな甘いマナか。とにかく瑞穂の民にお米のあたらぬ奇跡の中の奇跡といふべし。鳥の如くタダでは暮らされぬ人間のことなれば、タダに濁り点を打つてダダと謂ひしなるべし。そんな詮索は先づ腹が張つた上の事なり。哲学者よ先づ餓死せよと神は宣し玉ふ。最初から神学や形而上学の侍女であつた哲学は今日では科学に奉仕し始めた。即ち鞍替、転向、便乗に忙しき世の中なり。都会はもとより、田園も亦油断のならぬこと夥し。

辻の戸籍掛りの調べに依れば――現住所は食糧キキン無き極楽浄土なりと、思ふにダダの本籍に復員

したるものなるべし。

エカキ倪の字、山の内の大尽はどうしているか、皆シヤツボを脱ぎおることとなるべし。時に潜入或は闖入して一杯やるところは無いものか。　七月十日

（注・飯森正芳は元海軍中佐、転じて大本教直隷軍総督と伝えられた辻の友人）

あとがき

父と飯森正芳

上海で出会い

一九二一年の春、飯森正芳は日本の警察から監視を逃れるために上海に渡り、同年夏、父呉朗西は「五四運動」の波に押され新天地を求め、故郷四川から上海に出ました。その年、飯森は四十一歳、父はその二回りも下の十七歳でした。

上海で父は澄衷中学、それから中国公学中学部に進学した傍らに胡愈之にエスペラントを教わっていました。胡の紹介で、父はエスペランティストでもある飯森正芳と知り合い、飯森や彼の同居人春枝女史と交流を重ね、忘年の交わりを結んだのです。

父は、この士族出身の海軍将校であったが、トルストイの平和主義の影響を受け、これ以上、侵略道具としての日本軍人になることを潔しとせず、軍隊を離脱し平和運動に身を投じた飯森に傾倒し、彼を「一人の優れた日本人」（呉朗西「内山さんをめぐる二つの回想」、『季刊　鄔其山』一九八五年秋号）と称賛しました。父は度々飯森のお好きな「山東框餅」と山椒塩味のピーナツを手土産にして訪ねていき、一九二三年の初春、飯森の家でロシアの盲目詩人、エロシェンコにも会いました。（呉朗西「忆饭森正芳先生及其他」、上海市編輯学会『編輯学刊』一九八六年第二期、学林出版社）

日本で友情を深め

飯森正芳と春枝が日本に帰って約二年後の一九二五年一〇月、父は勤労学生として留学する意を決し日本に行き、神戸で下船して大阪の飯森家に直行しました。飯森はこの突然の来訪者を快く迎え入れ家に泊まらせ、春枝は父の汚れた服をも洗ってくれました。二日後、飯森は父を連れて上京し、その上で下宿先も紹介したのです。家賃六円の六畳一間でした。

飯森は大阪の家にもどる前に、友人の秋田雨雀と辻潤を連れて父の下宿処を訪ね、父は料理の腕を振るって、鶏肉スープ、鯛の醤油煮、魚のアンかけ、肉団子のカラ揚げ、タマゴ料理、ピーナツの油揚げなどを作ってもてなしました。その日、辻潤は興に乗じてお得意の尺八を披露したから、父は自然と蘇曼殊の「春雨 楼頭 尺八の簫、何れの時か 帰り看ん 浙江の潮」という詩を思い出した。同年一二月に、飯森の書いた「鉄鎖を礼拝する奴隷」が辻の主催する『虚無思想研究』に発表され、これがのちのち父の書いた『漫画生活』の「発刊の辞」（一九三四年九月）に多大な影響を与えたように思われます。（呉念聖「呉朗西と飯森正芳—一九二〇年代中日知識人交流の一事実」、関西大学アジア文化交流センター・浙江工商大学日本文化研究所『東アジア文化環流』第三号、二〇〇九年一月）

二年後、飯森は東京圏へ引っ越してから、お互いに行き来が密になり、飯森が高円寺に住んだ頃、父はよく遊びに行き、ときには一緒に銀座か神田まで足を伸ばし、中華料理を食べたりしていました。飯森が横須賀市汐入町に住んでいた時のある土曜日、父は友人陳瑜清とともに訪ねていき、夜は日本料理屋でご馳走になりました。同席したのは春枝のほか、辻潤夫人・酒豪の小島清もいました（その頃、辻はフランス滞在中）。

飯森の紹介で、父は有楽社社主だった中村有楽と知り合い、この豊かな国際感覚の持主にも大きな影響を受けました。また彼の息子、父より六歳下の伯三とは大変仲良くなりました。中村一家はみな日本が起こした侵略戦争に反対していました。（呉念聖「呉朗西と中村有楽・伯三父子—昭和初期の一中国人留学生と日本人との交流に関する調査」、早稲田大学法学会『人文研究』第四六号、二〇〇八年二月）

一九二九年晩夏、飯森は神奈川県鎌倉町へ、同年末、静岡県沼津市へ転居し、しだいに東京から遠のいていき、一九三一年四月、飯森は故郷の石川県にもどりました。半年後、満州事変が勃発、翌一〇月、父は日本軍国主義に対する怒り、祖国を愛する思い、そして飯森などのよき日本人との友情を胸に一杯しまって帰国しました。

父の飯森正芳に対する想い

一九三四年、父は上海で『美術生活』や『漫画生活』の編集に携わり、翌年、友人らと文化生活出版社を創設し、巴金を編集長として迎え、自身は社長を勤めました。父は終生、文化出版事業に尽力しました。そして父もまた、終生、飯森を我が師と敬っていたのです。

一九四九年春、父は仕事で十八年ぶりに日本の地を踏み、およそ四ヶ月の滞在中、飯森らの旧友を懸命に探しましたが願いは叶いませんでした。わずか二年後、飯森正芳は故郷の能登で息を引き取りました。むろん、当時、このことは、父には知るよしもありませんでした。

父は飯森のことをずっと忘れず、一九八二年六月、彼を追憶する文章をまとめました。一九八五年七月三日、父は上海の自宅で内山書店の内山籬社長からインタビューを受ける際には内山完造だけでなく、飯森正芳のことにも言及したのです。このインタビュー文は、内山書店刊の同年秋号の『季刊 鄔其山』に発表され、奇しくも父の日本留学当時のよき友、中村伯三の目にとまりました。中村はすぐ内山を通して父の住所を聞き、また日本留学中の私とも連絡を取りました。中村がさっそく父に手紙を送り、手紙は「久闊、久闊、大久闊」という七文字を以て始め、終いには「飯森正芳さん、私の父有楽、母きぬ、山鹿泰治さんなどいづれも死去されました」と告げてくれました。同年一一月一五日、中村伯三は上海へ飛び、父と五十四年ぶりの再会を実現しました（「中国に日本語学校を両国シルバーがかけ橋」、『朝日新聞』一九八八年六月一五日）。翌年、上述した父が一九八二年に書いた飯森正芳に関する追憶文が発表されました（呉朗西「忆饭森正芳先生及其他」、上海市編輯学会『編輯学刊』一九八六年第二期、学林出版社）。

父の想いを受け継ぐ

一九九二年父は上海で亡くなり、その追悼会に中村伯三夫妻が日本から駆けつけて参列しました。中村伯三が亡くなる一九九六年まで、私は彼から、父の日本留学当時のことや飯森正芳のことなどを何度も聞くことができました。

二〇〇四年、私は父の生誕百周年記念シンポジウムで「青年呉朗西に影響を与えた三人の外国人」（呉念聖「对青年吴朗西有影响的几位外国人」、上海魯迅紀念館編『上海魯迅研究』春季号、上海文芸出版社、二〇〇五年）。この三人とは、父が留学した上智大学の初代校長ホフマンと中村有楽、そして飯森正芳です。そのときから、私は、父に関して、また飯森正芳に関しても、調査・研究に努めてきました。父の生誕百十周年の二〇一四年、私は『呉朗西年譜』を完成しそれを世に問うことができ、そして同様に飯森に対する尊敬の念がこの『飯森正芳年譜』の作成に繋がったのです。

この年譜の作成に際して、多方面から資料や情報を提供していただき、ここでは、ことに、大本教学研鑽所、愛善苑、千葉県立西部図書館、伊藤正子氏、中村伯三氏に対し、また早くから私の飯森研究を支持していただき、本書の序文の執筆者でもある東京大学名誉教授、名古屋大学教授藤井省三氏に対し、謝意を表したいと存じます。そして五年前、私は明治大学名誉教授山泉進氏の推薦で大杉栄資料集成の編集会議に参加するようになり、その御縁でぱる出版相談役の奥沢邦成氏と知り合い、この両氏の後押しによって年譜の出版が決まりました。一年余りの編纂過程を振り返ってみて、とりわけ、奥沢氏からの様々な御指導が本当にありがたく、衷心より感謝しております。

呉念聖

二〇二四年一二月三一日

人名索引

索引の範囲は年譜中の「出来事」部分と図版中の人物写真に関する人物説明に限る。なお、ゴシック体にした人名は年譜に当人の略歴を付記したことを意味する。

呉　念聖（ご・ねんせい）

1948年生。上海の高校を出て黒龍江省へ、農業に十年従事した。1979年来日、早稲田大学と慶応義塾大学で勉学し日中比較文学を専門とする。現在、早稲田大学中国現代文化研究所と同大学総合人文科学研究センター招聘研究員、『大杉栄資料集成』（ぱる出版）編集委員。編著に「“思想遍歴屋”飯森正芳——ある明治知識人の弛まざる追求」（早稲田大学法学会『人文論集』47、2009年）、「畢修勺年譜」（『巴金研究集刊』7、上海三聯書店2012年）、「呉朗西年譜」（『呉朗西文集』、上海書店2014年）などがある。

飯森正芳　年譜

2025年3月7日　初版発行

編著者　呉　念聖
発行者　奥沢邦成
発行所　株式会社　ぱる出版
〒160-0011　東京都新宿区若葉1-9-16
電話　03(3353)2835(代表)　振替　東京　001003-131586
FAX　03(3353)2826　印刷・製本　中央精版印刷（株）

ISBN978-4-8272-1518-2 C3021